AF474108

L'ÉGLISE ET L'AMOUR

D'APRÈS

LES APÔTRES, LES PÈRES DE L'ÉGLISE,
LES THÉOLOGIENS,
LES CANONISTES ET LES CONFESSEURS

PAR

Le Docteur **PAUL DE RÉGLA**

« Et Dieu les bénit, et leur dit : Croissez et multipliez et remplissez la terre. »

(Genès., I.)

« La chasteté, l'abstinence et la virginité sont au-dessus de toutes les lois divines et sociales. »

(Doctrine de l'Église.)

PARIS
ALBIN MICHEL, ÉDITEUR
59, RUE DES MATHURINS, 59

L'ÉGLISE ET L'AMOUR

THÉOLOGIE CHRÉTIENNE

'ÉGLISE ET L'AMOUR

D'APRÈS

LES APÔTRES, LES PÈRES DE L'ÉGLISE,
LES THÉOLOGIENS,
LES CANONISTES ET LES CONFESSEURS

PAR

Le Docteur PAUL DE RÉGLA

PARIS
ALBIN MICHEL, ÉDITEUR
59, RUE DES MATHURINS, 59

OUVRAGES DU Dr PAUL DE RÉGLA

MÉDECINE ET SCIENCE

De la Rage et de son Traitement; épuisé.

De la Goutte, du Rhumatisme, et de leur traitement curatif.

Gout and Rheumatism, its curative treatment. Londres, 1878.

La Science libre, Nice, 1880.

Lettre au Docteur Koch, épuisé.

Etat de la médecine en 1880.

Conseils d'hygiène thérapeutique pour les artistes.

L'Hydrothérapie à Constantinople, Turquie.

La Dosimétrie devant l'Homéopathie et l'Allopathie (médaille d'or), 10e édition.

Du Sulfure de Calcium en thérapeutique, in Bulletin de Médecine et de Pharmacologie burgraëviennes.

Traitement prophylactique et curatif du Paludisme; dito, etc., etc.

Le Livre d'or de la Femme, 5e édition.

HISTOIRE — PHILOSOPHIE

La Turquie officielle (5e édition).

Jésus de Nazareth, au point de vue historique, scientifique et social (4e édition) in-8.

Jésus von Nazareth, traduction allemande du Docteur Albrecht-Just (15e édition) in-8.

Le Maréchal de Saint-Arnaud en Crimée, d'après les notes laissées par le Docteur Cabrol, médecin particulier du Maréchal, 29 lettres inédites du Maréchal à sa fille, in-8.

El Ktab des Lois secrètes de l'Amour, théologie musulmane (21e édition). Gr. in-8 épuisé.

Au Pays de l'Espionnage. — Abdul Hamid II et Mourad V (4e édition).

Les Bas-Fonds de Constantinople (5e édition).

Les Perversités de la Femme. La femme dans le passé (4e édition).

El Ktab des lois secrètes de l'amour, nouvelle édition, revue, corrigée et augmentée. In-18, 320 pages, Albin Michel, éditeur.

L'Église et l'Amour, d'après les Pères de l'Église, etc., etc., in-18 de 316 pages, Albin Michel, éditeur.

ROMANS HISTORIQUES

Les Mystères de Constantinople (3e édition).

Les Secrets d'Yildiz (3e édition).

PRÉFACES

La Turquie actuelle, par Georgiades (1892).

L'Unité de la Voix, du professeur Habay.

POUR PARAITRE PROCHAINEMENT :

L'Église et le Mariage, d'après les Pères de l'Église, les Théologiens, les Canonistes et les Confesseurs.

El Ktab de la haute science : *occultisme et médecine*, suite et complément d'*El Ktab des lois secrètes de l'Amour*, édition traduite sur le texte complet du Khodja.

Le Livre d'Or des Chanteurs, des Artistes et des Orateurs en collabor. avec le Profes. Léon Melchissédec de l'Opéra.

EN PRÉPARATION :

2e Volume des Perversités de la Femme. La Femme moderne.

2e Volume du Livre d'Or de la Femme. Ses affections et ses maladies.

THÉOLOGIE CHRÉTIENNE

L'ÉGLISE ET L'AMOUR

AVANT-PROPOS

La Théologie catholique ou chrétienne est généralement ignorée du gros public ainsi que de beaucoup de lettrés.

Bien des personnes discourent sur sa morale matrimoniale sans en savoir plus long que n'en savent la plupart de nos politiciens, aux prétentions pourtant si universelles.

En révéler les théories, issues de sa morale au point de vue des relations sexuelles, en état de mariage, ou en dehors de ce sacrement, c'est, il nous semble, répondre à un besoin d'autant plus sérieux et d'actualité pressante que jamais la question de la dépopulation n'a tant préoccupé l'attention de nos législateurs, de nos moralistes, de nos écrivains et du public.

C'est qu'il y a là, en effet, dans cette question de notre dépopulation, mise en regard avec l'excès de nativité que l'on constate en Allemagne et en Angleterre, un problème redoutable, dont la solution, en bien ou en mal, peut arrêter ou accélérer la décadence dans laquelle il semble que tout nous précipite.

Quoi qu'en disent beaucoup d'hommes politiques, de journalistes et de littérateurs, l'Église s'est de tout temps préoccupée et occupée de la question dont nous allons à notre tour étudier le troublant problème, comme nous l'avons étudié au point de vue musulman en traduisant l'ouvrage du Khôdja Omer Haleby, abou Othmân :

El Ktab des Lois secrètes de l'Amour.

Mais comment s'en est-elle occupée?

C'est ce que nous allons voir.

L'Église, et par ce mot nous entendons la généralité des confessions catholiques, qu'elles reconnaissent ou non le pouvoir de l'évêque qui siège dans la ville des anciens Césars, l'Église, disons-nous, s'est non seulement occupée de toutes les questions ayant trait à l'amour, *mais elle a formulé à ce sujet des préceptes et des règlements qui prouvent avec quels soins elle a étudié tout ce qui touche de près ou de loin aux relations sexuelles.*

De saint Paul au Père Monsabré, en passant par saint Augustin, le grand saint Thomas d'Aquin et Bossuet, nombreux sont les théologiens qui ont traité la question que nous allons à notre tour soumettre à la sagacité de nos lecteurs.

Et cela s'explique, car cette question des relations sexuelles, des devoirs de l'homme et de la femme, est d'une importance capitale, tant au point de vue social, qu'au point de vue philosophique et religieux !

∴

Indépendant de tout système religieux, ayant, tour à tour, vécu en contact avec des hommes, avec des prêtres représentant les principales croyances qui imposent leurs dogmes et leur rituel à la crédulité des peuples et à leurs besoins de s'appuyer sur des idées et des forces protectrices, nous avons acquis une impartialité qui nous a été précieuse chaque fois que nous avons été appelé à traiter les questions les plus troublantes par la complexité de leur problème.

Cette impartialité, nous entendons la porter dans l'étude des relations de l'Église avec l'humanité, soumise, aujourd'hui comme jadis, aux lois vitales qui assurent la propagation des espèces et des êtres à travers les âges, les temps et les mondes.

Si donc certains passages de l'Église et de l'Amour *choquent la pudeur outrée de quelques-uns de nos lecteurs, et froissent les sentiments religieux de plusieurs de nos lectrices, les uns et les autres voudront bien s'en prendre à la nature même de notre sujet, et non à la façon dont nous l'aurons traité.*

Du reste, nous estimons, d'accord en cela avec saint Augustin, que « Celui qui n'est pas scandalisé d'entendre saint Paul parler de l'impudicité monstrueuse de ces femmes qui changeaient l'usage qui est suivant la nature en un autre qui est contre la nature (1) *lira tout ceci sans scandale. »*

« Le scandale effectivement n'existe que dans « l'impureté du cœur » et non dans les paroles dont nous sommes dans la nécessité de nous servir pour mieux nous faire comprendre. »

Il existe encore, ajouterons-nous, dans l'esprit de lubricité qui nous fait regarder la reproduction de la femme et de l'homme dans leur nudité, que cette reproduction soit en marbre, en bronze, en terre cuite, en peinture, en gravure ou en photographie. Ce nest pas

1. Épître I aux Romains :

26. — C'est pourquoi Dieu les a livrés à des passions infâmes; car les femmes parmi eux ont changé l'usage naturel en un autre qui est contre nature.

27. — De même aussi, les hommes, laissant l'usage naturel de la femme, ont été embrasés dans leur convoitise les uns pour les autres, commettant homme avec homme des choses infâmes, et recevant en eux-mêmes la récompense qui était due à leur égarement.

28. — Car, comme ils ne se sont pas souciés de connaître Dieu, aussi Dieu les a livrés à un esprit dépravé, pour commettre des choses qu'il n'est pas permis de faire.

29. — Ils sont remplis de toute injustice, d'impureté, de méchanceté, d'avarice, de malice; pleins d'envie, de meurtres, de querelles, de tromperies et de malignité.

le sujet, ce n'est pas le Nu *qui est scandaleux ; c'est l'esprit avec lequel nous le regardons.*

Saint Augustin, aux écrits duquel nous aurons souvent recours dans le courant de cet ouvrage, soutient qu'il n'y a faute et péché que quand l'auteur est conscient du fait. Cette théorie n'est-elle pas beaucoup celle de notre législation moderne déchargeant de toute condamnation l'accusé reconnu irresponsable par l'état de sa mentalité ?

Et de fait, le scandale n'existe pas dans la nature de l'objet ou de la question que l'auteur aborde. Il n'existe que dans l'état d'âme avec lequel nous les étudions.

Et il est heureux qu'il en soit ainsi, car, s'il en était autrement, presque tous nos peintres et statuaires modernes seraient de fameux pornographes.

Ce livre ne causera donc de scandale que parmi les esprits maladifs, les névropathes, les dévots et les dévotes, dont la pudeur, toute de convention et de préjugés, les porte à rougir en voyant une rose caressée par un papillon.

Mais qu'à cela ne tienne;... cet ouvrage n'est pas écrit pour cette catégorie de lecteurs et de lectrices.

Il est écrit pour les esprits désireux de se rendre compte de tout ce qui touche, de près ou de loin, à l'importante question des rapports sexuels et de la repopulation indiqués dès la Genèse *par ce commandement d'origine divine :*

« Allez, croissez et multipliez ! »

∴

Un des moralistes catholiques les plus à la mode de notre temps s'est écrié, dans un moment de brutale franchise : « Nos mœurs sont devenues un incohérent mélange de cynisme et d'hypocrisie où tout est approuvé, toléré ou excusé, excepté de faire de beaux enfants à une femme qu'on aime et qui vous le rend... L'adultère lui-même n'est accepté qu'à la condition d'être stérile.»

« Les amours étranges et contre nature sont tolérées comme une innocente fantaisie. L'art lui-même fait chorus aux mœurs en idéalisant comme type de la perfection humaine, et comme résumé de toutes les curiosités et de tous les attraits de la débauche, l'Androgyne, le type de la stérilité. »

Nous ne nous élèverons pas en contradicteur devant cette rude constatation de l'état de notre Société moderne; mais nous demanderons si ce tableau ne s'applique pas aussi bien à toutes les époques parcourues par l'esprit humain depuis le jour où l'Église romaine, se mettant à la place du paganisme, déclara mal *ce que ce dernier avait déclaré* bien, *et fit de l'antique culte du* Phallus *le culte de l'esprit des ténèbres, forçant ainsi la société à abriter ses besoins naturels sous le manteau d'une large hypocrisie.*

En décrétant l'état d'abstinence, de virginité et de privation comme un état supérieur; en accablant la femme sous le poids d'un mépris énergique, les Pères de l'Église n'ont-ils pas contribué largement à cet état social, dont le moraliste en question, orateur sacerdotal très écouté, nous a fait le tableau que nous venons de lire?

Jusqu'à quel point l'Église doit-elle être rendue responsable de l'état de prostitution que l'on trouve dans tous les pays où elle a dominé presque sans contrainte?

C'est là un problème que nous espérons résoudre sous l'influence seule du bon sens et de la vérité historique.

∴

L'ouvrage que nous livrons au public est donc une œuvre de vulgarisation, dont les principaux auteurs sont pris parmi les Apôtres, les Pères de l'Église, les Théologiens, les Confesseurs et les Canonistes, de cette Église catholique, qui a écrit sur le fronton de son temple spirituel :

« Hors de l'Église, pas de salut! »

Et qui, plus autoritaire, plus absolue que le Bouddhisme, le Brahmisme et le Mahométisme, affecte l'orgueilleuse prétention de fermer à tout jamais la porte qui donne accès sur l'avenir, en mettant hors la loi l'humanité qui ne pense pas comme elle, ne vit pas comme ses disciples, ne croit pas ce qu'elle croit ou plutôt ce qu'elle enseigne!

*Nous avons dit dans la Préface d'*EL KTAB des lois secrètes de l'amour *que « la Morale étant la conséquence, la résultante, des croyances religieuses, de* *l'éducation et de l'instruction des peuples, devait varier suivant la nature, l'importance et la signification de ces facteurs.* »

Cette loi physiologique, qui découle aussi de l'influence des milieux géologiques, des climats et des altitudes, nous allons voir ce qu'elle est devenue sous l'égide du catholicisme, sous son action directe.

Et c'est aux fruits que nous récolterons que, suivant le précepte évangélique, nous jugerons de la bonté, de la richesse et de la valeur de l'arbre.

∴

*Pour édifier complètement nos lecteurs sur la valeur historique et biographique de notre œuvre, nous donnerons à la fin de ces pages l'*index *des nombreux ouvrages consultés par nous et dans lesquels nous avons puisé largement en faveur de la* vérité *et de la* solidité *de nos assertions. Ces ouvrages constitueront pour nous les témoins impartiaux de la bonne foi et de l'impartialité avec lesquelles nous avons écrit ce livre de :*

L'Église et l'Amour !

C'est-à-dire du combat des lois humaines, forgées par l'ambition des législateurs, contre les lois naturelles, que la Bible, dans sa première partie, résume par le commandement, reconnu divin par les juifs et les chrétiens de :

Croître et multiplier !

∴

Et puisque le mot de Bible *s'est présenté tout naturellement sous notre plume, profitons-en pour avouer, qu'avec la meilleure volonté, il nous est impossible de voir en cette réunion de récits, souvent disparates, en cette agglomération de faits mal soudés ou enchevêtrés les uns dans les autres, la manifestation d'*infaillibilité divine *que l'Église reconnait à cet ensemble de récits, souvent d'une licence et d'une cruauté plus que barbare.*

*Si, avec les Églises, nous considérions l'ensemble des récits qui constituent l'*Ancien Testament *comme émanant directement de Dieu, comme l'expression exacte de sa science, de sa beauté, de sa bonté, de sa puissance et de toutes les vertus dont on le gratifie, nous n'aurions qu'à nous voiler la face et à maudire ce Dieu, dont nous serions bien forcés de reconnaître, Bible en main, les cruelles turpitudes, les folies ithyphalliques, les mensonges scientifiques et les erreurs de tous genres!*

Mais, heureusement qu'il n'en est pas ainsi que l'affirme l'Église, et que cette œuvre, base des croyances judaïques et chrétiennes, a été exclusivement composée par des hommes plus ou moins soumis aux influences des milieux où ils ont vécu, et, comme leurs semblables, soumis aux préjugés, aux passions et aux erreurs.

Rédigés en effet dans des milieux différents, à des

*époques diverses, souvent, comme certains chapitres du Koran, pour répondre à des nécessités politiques ou sociales, les parties dont l'ensemble constitue l'*Ancien Testament, *n'ont été soudées ou enchevêtrées que longtemps après, et ce ne fut que vers l'an 1250 après Jésus-Christ, qu'on les divisa en chapitres, chapitres que l'on sépara plus tard en versets* (1).

Mais, comme ce n'est pas ici une œuvre de polémique religieuse que nous écrivons, nous nous servirons des récits bibliques tels qu'ils sont acceptés par les Églises et leurs théologiens.

Ceci dit, une fois pour toutes, nous allons pénétrer dans le cœur de notre sujet par l'étude des relations sexuelles considérées au point de vue de l'Ancien et du Nouveau Testament.

∴

Encore un mot avant d'entrer en matière :

Quand on cause avec des catholiques — même instruits — on est vite surpris de l'ignorance dont ils font preuve dans tout ce qui touche à leur religion ! La plupart, c'est-à-dire quatre-vingt-dix sur cent, ne

1. Ce fut à la suite de son travail sur les *Concordances de la Bible* qu'un moine dominicain devenu cardinal, sectionna son travail en *Chapitres*. Plus tard, en 1445, le rabbin Mardochée Nathan subdivisa les Chapitres du cardinal Hugues en fractions plus petites auxquelles on donna le nom de versets. Enfin, en 1621, le moine franciscain Calasio acheva et perfectionna le travail du rabbin.

*connaissent de la Bible — ancien et nouveau Testament — que ce que leur en a dit leur curé. Et ce qu'ils en savent est bien peu, très peu de chose! Pour eux, la religion a été de tout temps ce qu'elle est aujourd'hui. Ils ne veulent pas admettre qu'elle s'est constituée par étapes, en raison des besoins de l'Église et de la marche en avant de l'Esprit humain. Grande est leur surprise quand on leur dit, par exemple, qu'on pouvait être excellent catholique il y a cinquante ans sans croire aux dogmes de l'*Immaculée Conception *et de l'*Infaillibilité papale, *édictés par Pie IX, l'auteur du* Syllabus, *l'ancien Pape libéral, et même républicain, devenu le plus autoritaire et le plus monarchique des Papes.*

Pour nos catholiques, le culte de la Vierge, culte ignoré des premiers chrétiens, remonte à la fondation de l'Eglise! Leur dire qu'il est relativement très récent, qu'il n'est qu'une des nombreuses transformations du culte de Vénus, comme l'est celui des saints dont s'honorent les chapelles modernistes, c'est les plonger dans une stupeur dont ils ne sortent que pour vous accuser de matérialisme ou de sectarisme.

Avec eux, toutes discussions deviennent oiseuses et se terminent par un froid, un mécontentement, qui persiste longtemps. Vous diriez au plus grand nombre qu'il fait jour en plein midi, qu'ils se cacheraient le visage avec leurs mains pour ne pas apercevoir les rayons ensoleillés de la nature. Ce sont des fétícheurs, des fanatiques, auxquels nous ne voyons à opposer que les féticheurs et les fanatiques de cette Libre-pensée *dont nos ardents politiciens, socialistes ou radicaux, ont dénaturé et le sens et la valeur grammaticale, pour en faire leur cheval de bataille et l'arme avec laquelle ils dupent, si avantageusement pour leur bourse et leur ambition, ce pauvre, bon et naïf peuple de France !*

Le satirique et le déiste que fut Voltaire n'a pas manqué de diriger sa critique spirituelle sur toutes les questions que nous allons traiter avec l'aide et le concours des Pères de l'Église et des théologiens. Après avoir fait observer avec quelle sagacité et quelle science ces derniers ont fouillé tous les mystères des relations sexuelles, il ajoute : « Ces étonnantes recherches n'ont jamais été faites dans aucun lieu du monde, que par nos théologiens. Ce n'est que dans la religion chrétienne que les tribunaux (1) *ont retenti de ces querelles entre les femmes hardies et les maris honteux... La loi juive permettait au mari de renvoyer celle de ses femmes qui lui déplaisait, sans spécifier la cause... D'impuissance il n'est jamais question dans la loi juive. »*

Et, pour expliquer comment tout ce qui touche à l'union sexuelle est ainsi devenu le seul domaine des juges ecclésiastiques, il ajoute :

« Le mariage ayant été, dans la suite des temps,

1. Les *officialités*, ou tribunaux ecclésiastiques chargés de connaître toutes les choses relatives aux questions du mariage.

élevé à la dignité de sacrement, de mystère, les ecclésiastiques devinrent insensiblement les juges de tout ce qui se passait entre mari et femme, et même de tout ce qui ne s'y passait pas.... Des clercs plaidaient, des prêtres jugeaient. Mais de quoi jugeaient-ils ? Des objets qu'ils devaient ignorer. »

« Des objets qu'ils devaient ignorer », *dit Voltaire; mais ces objets, loin de les ignorer, ils les connaissaient bien mieux que ne les connaissaient les médecins du temps. Pour eux les relations sexuelles n'avaient aucun mystère. Ils en savaient bien plus que n'en savent les plus instruits de nos modernes libertins.*

Et maintenant, si on nous demande la preuve de tout ce que nous venons d'affirmer, nous prierons nos lecteurs de tourner la feuille suivante et de pénétrer avec nous, sans plus tarder, dans les secrets, les mystères et les révélations vulgarisatrices de :

L'Église et l'Amour

L'ÉGLISE ET L'AMOUR

LIVRE PREMIER

LES PRINCIPES DE L'ÉGLISE DANS L'ACTE DE LA PROCRÉATION

« Dieu bénit Adam et Ève et leur dit : Croissez et multipliez, et remplissez la terre et... l'assujettissez... »

(Genèse, chap. 1, p. 28.)

LIVRE PREMIER

LES PRINCIPES DE L'ÉGLISE DANS L'ACTE DE LA PROCRÉATION

Dieu bénit Adam et Ève et leur dit : Croissez et multipliez, et remplissez la terre et... l'assujetissez... »

(Genèse ; chap, I. p. 28.)

CHAPITRE PREMIER

De la Création d'Adam et d'Ève et du Coït.

SELON L'ANCIEN TESTAMENT

SOMMAIRE. — Le Concile œcuménique et général de Trente. — La création de l'homme et celle de la femme suivant l'Ancien Testament. — Le premier Coït. — L'opinion des Pères de l'Église sur cet acte et ses conséquences. — La théorie du P. Monsabré. — La femme jugée par les premiers Pères de l'Église. — Le coït d'Adam et d'Ève engendre le premier crime. — Le coït du paradis de Mohammed découle de la doctrine du coït céleste des premiers théologiens.

« *Que si quelqu'un ne reçoit pas pour sacrés et canoniques tous ces livres entiers avec tout ce qu'ils contiennent, tels qu'ils sont en usage dans l'Église catholique et tels qu'ils sont dans l'ancienne édition* Vulgate latine, *qu'il soit anathème !* »

C'est ainsi que s'exprime le décret du fameux Concile de Trente.

Et pour mieux spécifier la valeur et la puissance de leur anathème, les Pères, réunis dans cette illustre assemblée, avaient rédigé ainsi qu'il suit la nomenclature de tous ces livres :

« Le huitième jour d'avril 1546, le saint Concile de Trente œcuménique et général, légitimement assemblé sous la conduite du Saint-Esprit, reçoit tous les livres, tant de l'Ancien que du Nouveau Testament, puisque le *même Dieu est l'auteur de l'un et de l'autre*... Et afin que personne ne puisse douter quels sont les livres saints que le Concile reçoit, il a voulu que le catalogue en fût inséré dans ce décret, selon qu'ils sont ici marqués :

I. — *De l'Ancien Testament.* — Les cinq livres de Moïse qui sont la *Genèse, l'Exode,* le *Lévitique,* les *Nombres,* le *Deutéronome ;*

Josué, les Juges, Ruth, les quatre Livres des Rois, les deux des Paralipomènes ;

Le premier livre d'Esdras, et le second qui s'appelle Néhémias ;

Tobie, Judith, Esther, Job ;

Le Psautier de David, qui contient cent cinquante psaumes.

Les paraboles (proverbes de Salomon), l'Ecclésiaste, le Cantique des Cantiques, la Sagesse, l'Ecclésiastique ;

Les grands prophètes Isaïe, Jérémie avec Baruch, Ézéchiel, Daniel ;

Les douze petits prophètes, savoir : Osée, Joël, Amos, Abdias, Jonas, Michée, Nahum, Habucuc, Sophonias, Aggée, Zacharie, Malachie ;

Deux livres des Macchabées, le premier et le second.

II. — *Du Nouveau Testament.* — Les quatre Évangiles selon saint Mathieu, saint Marc, saint Luc et saint Jean ;

Les actes des Apôtres, écrits par saint Luc évangéliste ;

Quatorze épitres de saint Paul : Une aux Romains, deux aux Corinthiens, une aux Galates, une aux Éphésiens, une aux Philippiens, une aux Colossiens, deux aux Thessaloniciens, deux à Timothée, une à Tite, une à Philémon et une aux Hébreux ;

Deux épîtres de l'apôtre saint Pierre ; trois de l'apôtre saint Jean ; une de l'apôtre saint Jacques ; une de l'apôtre saint Judes.

Et l'apocalypse de l'apôtre saint Jean. » (1)

Et comme corollaire des décrets du Concile de Trente, l'Église déclare que « Dieu est la science souveraine ; il est infaillible, il ne peut se tromper ni induire les hommes en erreur. »

⁂

Eh bien ! voyons, en suivant, et les déclarations du Concile et la définition de l'idée de Dieu par l'Église catholique, quelles sont les lois que Dieu décréta quand il eut tiré Ève de la côte d'Adam et préludé ainsi au règne de l'amour :

1. Les protestants ont accepté la version dite *Vulgate*, mais ils en ont élagué les livres de Tobie, Judith, Sagesse, Ecclésiastique, Baruch et les deux livres des Machabées, qui ne se lisent pas dans le canon des Juifs.

Saint Augustin et la plupart des Pères de l'Église se sont servis de la version primitive dite de *Septante*, que l'évêque d'Hippone met au-dessus de toutes les autres et même au-dessus de la version latine de saint Jérôme — *Vulgate* — dont il défendait la lecture dans son diocèse.

Quand l'auteur de la *Genèse* eut raconté comment Dieu créa le monde avec ses minéraux, ses végétaux et ses animaux ; comment il fit l'homme qu'il avait formé de la poudre de la terre en lui soufflant une respiration de vie dans les narines, il dit :

« 20. — Et Adam donna les noms à tous les animaux domestiques, et aux oiseaux des cieux, et à toutes les bêtes des champs ; mais il ne se trouvait point d'aide pour Adam qui fût semblable à lui.

21. — Et l'Éternel Dieu fit tomber un profond sommeil sur Adam, et il s'endormit ; et Dieu prit une de ses côtes, et il resserra la chair à sa place.

22. — Et l'Éternel Dieu forma une femme de la côte qu'il avait prise d'Adam, et la fit venir vers Adam.

23. — Alors Adam dit : A cette fois, celle-ci est l'os de mes os et la chair de ma chair. On la nommera Hommesse, car elle a été prise de l'homme (1).

1. Les Arabes traduisent la même idée en disant que la première femme fut appelée Aïcha parce qu'elle avait été tirée de l'homme, Aisch.

24. — C'est pourquoi l'homme laissera son père et sa mère, et il se joindra à sa femme et ils seront une même chair.

25. — Or, Adam et sa femme étaient tous deux nus et ils n'en avaient point de honte. »

Au chapitre suivant, le troisième de la *Genèse,* l'auteur raconte l'éternelle tentation du serpent et la chute définitive de la femme et de l'homme.

Mais, au chapitre premier, l'auteur avait déjà raconté la création de l'homme avec la variante qui suit :

« 26. — Puis Dieu dit : Faisons l'homme à notre image, selon notre ressemblance, et qu'il domine sur les poissons de la mer, sur les oiseaux des cieux, sur les animaux domestiques, et sur toute la terre, et sur tout reptile qui rampe sur la terre.

27. — Dieu donc créa l'homme à son image; il le créa à l'image de Dieu, *il les créa mâle et femelle* (1).

1. Nous avons souligné cette dernière affirmation parce qu'elle a donné naissance à la théorie de l'Androgyne. Les mots « il les créa mâle et femelle » laisseraient en effet à supposer, puisqu'ils ne s'appliquent qu'à un homme, que la théorie émise par le Khôdja Omer Haleby, abou Othmân, dans son

28. — Et Dieu les bénit, et leur dit : Croissez et multipliez, et remplissez la terre et l'assujettissez, et dominez sur les poissons de la mer, et sur les oiseaux des cieux, et sur toute bête qui se meut sur la terre. »

Ces deux récits, qui n'en forment qu'un pour beaucoup de théologiens, ne peuvent s'expliquer que par l'enchevêtrement de deux récits primitivement distincts, ou par le système d'une double création : l'une s'appliquant à un Adam-Androgyne, pris parmi les anges dont la rébellion amena leur expulsion du ciel et les précipita sur la terre ; l'autre, par la transformation de l'Adam-Androgyne, devenu terrestre, c'est-à-dire homme, en Adam isolé de son premier principe transformé en femme, en Hommesse, par le Créateur.

Donc, l'auteur de la *Genèse*, après avoir raconté dans le chapitre III, la tentation de la femme et la chute de l'homme, ajoute :

7. — Et les yeux de tous deux furent ouverts ; et ils connurent qu'ils étaient nus ; et ils cousi-

El Ktab des lois secrètes de l'amour, serait bien conforme aux antiques traditions de la créature primitive de l'homme Androgyne.

rent ensemble des feuilles de figuier, et ils s'en firent des ceintures.

8. — Alors ils ouïrent, au vent du jour, la voix de l'Éternel Dieu, qui se promenait par le jardin. Et Adam et sa femme se cachèrent de devant la face de l'Éternel Dieu, parmi les arbres du jardin.

9. — Mais l'Éternel Dieu appela Adam et lui dit : Où es-tu ?

10. — Et il répondit : J'ai entendu ta voix dans le jardin, et j'ai craint, parce que j'étais nu ; et je me suis caché.

11. — Et Dieu dit : Qui t'a montré que tu étais nu ? N'as-tu pas mangé de l'arbre que je t'avais défendu de manger ?

12. — Et Adam répondit : La femme que tu m'as donnée pour être avec moi m'a donné du fruit de l'arbre et j'en ai mangé.

13. — Et l'Éternel Dieu dit à la femme : Pourquoi as-tu fait cela ? Et la femme répondit : Le serpent m'a séduite et j'en ai mangé.

14. — Alors l'Éternel Dieu dit au serpent : Parce que tu as fait cela, tu seras maudit entre tous les animaux et entre toutes les bêtes des champs ; tu marcheras sur ton ventre et tu

mangeras la poussière tous les jours de ta vie.

15. — Et je mettrai de l'inimitié entre toi et la femme ; entre ta postérité et la postérité de la femme ; cette postérité t'écrasera la tête et tu la blesseras au talon.

16. — Et il dit à la femme : J'augmenterai beaucoup ton travail et ta grossesse et tu enfanteras en travail les enfants ; tes désirs se rapporteront à ton mari et il dominera sur toi.

17. — Puis il dit à Adam : Parce que tu as obéi à la parole de ta femme, et que tu as mangé de l'arbre duquel je t'avais donné ce commandement, disant : Tu n'en mangeras point, la terre sera maudite à cause de toi ; tu en mangeras en travail tous les jours de ta vie.

18. — Et elle te produira des épines et des chardons ; et tu mangeras l'herbe des champs.

19. — Tu mangeras le pain à la sueur de ton visage, jusqu'à ce que tu retournes en la terre, d'où tu as été pris, car tu es poudre et tu retourneras poudre.

20. — Et Adam appela sa femme Ève parce qu'elle a été la mère de tous les vivants.

21. — Et l'Éternel fit à Adam et à sa femme, des robes de peaux et les en revêtit.

22. — Et l'Éternel Dieu dit : Voici, l'homme est devenu comme l'un de nous, sachant le bien et le mal. Mais maintenant il faut prendre garde qu'il n'avance sa main et ne prenne aussi de l'arbre de vie et qu'il n'en mange et ne vive à toujours.

23. — Et l'Éternel Dieu le fit sortir du jardin d'Héden, pour labourer la terre de laquelle il avait été pris.

24. — Ainsi, il chassa l'homme et il logea des chérubins vers l'Orient du jardin d'Héden, avec une lame d'épée de feu, qui se tournait çà et là pour garder le chemin de l'arbre de vie. . . . .

. . . .

. . . .

Or, Adam connut Ève, sa femme, et elle conçut et enfanta Caïn, et elle dit :

J'ai acquis un homme par l'Éternel.

2. — Elle enfanta encore Abel son frère : et Abel fut berger, et Caïn laboureur. . . . . .

. . . .

. . . .

Telle est l'histoire biblique de la création du premier homme, de celle de la première femme et des premiers rapprochements sexuels qui se produisirent en exécution de l'ordre donné par l'Eternel.

Nous n'avons pas à discuter ici les divergences qui existent dans les premier, second et troisième chapitres ; ni à prendre parti en faveur des théories monogénique et polygénique, c'est-à-dire, en faveur de la théorie qui veut, comme l'indique le second récit de la création, que l'humanité découle d'un seul homme et d'une seule femme, ou de la théorie qui, en s'appuyant sur le premier récit de la création, donne à l'humanité plusieurs hommes et plusieurs femmes comme point de départ.

Nous soumettant au décret du Concile de Trente, nous acceptons le récit biblique tel que nous l'ont imposé les Pères de l'Église.

Ainsi donc, l'Amour découle de la création d'Adam et d'Ève, et le premier coït se produit, après la tentation du serpent, contre la volonté de Dieu, qui, pour punir ses créatures de leur désobéissance, les expulse du jardin de l'Héden et les condamne à toutes les misères de la vie.

Nous verrons plus tard le parti que beaucoup de Pères de l'Eglise ont tiré de ce fait pour condamner la femme et mettre bien au-dessus des relations sexuelles, la doctrine de la virginité et de l'abstinence. Absolument comme si l'Éternel n'avait pas formulé ce commandement, base vitale de la reproduction : *Croissez et multipliez !*

Quelques Pères de l'Église, d'accord avec les versions arabes relatives au verset 23 du chapitre II, ont, conformément à la pensée de saint Augustin, soutenu que la femme a été donnée en aide à l'homme uniquement en vue de la génération : « On ne peut pas même dire qu'elle ait été destinée à le consoler de sa solitude ; combien la société d'un ami eût-elle été, en effet, mieux adaptée à cette fin que celle de la femme (1). »

Le père Monsabré, dans son ouvrage, *Le Mariage,* édition populaire de 1893, donne à cette première union charnelle d'Adam et d'Ève le titre bizarre de *Mariage,* institué par Dieu lui-même, et explique son opinion par les raisons qui suivent :

« Parce que l'homme doit imiter son principe

1. Saint Augustin, livre IX de la *Genèse à la lettre.* Ch. V.

dont la tendance est de se communiquer, parce qu'il ne peut garder pour lui tous les germes de vie que Dieu a déposés dans ses flancs, parce que selon la profonde réflexion de saint Thomas les hautes fonctions de l'intelligence humaine ne doivent pas être sacrifiées aux fonctions inférieures d'où naît la vie du corps, il faut à l'homme un aide en qui réside toute la force passive de la génération dont il conserve en souverain dispensateur toute la force active : « Faisons donc pour l'homme, dit le Seigneur, un être qui lui ressemble. »

« D'où viendra cet aide ? — Du limon dont l'homme est sorti ? — Non. — L'homme ne serait plus comme Dieu, l'unique et premier principe de la vie dans sa race, si l'être humain qui doit lui être associé n'était pris dans ses flancs. — Dors, mon fils, dit le Seigneur, dors. » Et sous l'influence d'un magnétisme divin, Adam, couché sur les fleurs du Paradis, est envahi par un mystérieux sommeil, pendant lequel Dieu retire une de ses côtes, la revêt de chair et fait de cette partie de l'homme, animée d'une autre âme, la femme charmante et pudique fiancée de l'endormi.

« Tout étonnée de la vie qu'elle vient de recevoir, elle attend... aux noces ! aux noces ! roi du monde, réveille-toi ! Adam se réveille. Il contemple des yeux celle qu'il a entrevue dans un rêve prophétique, et comprend qu'en elle sa perfection sera achevée. Il est l'intelligence, elle est le cœur ; il est la pensée, elle est le sentiment ; il est la majesté, elle est la grâce ; il est la force, elle est la douceur ; il est le commandement, elle est l'insinuation ; il est le semeur de la vie, elle est la terre fertile où la vie doit germer. Il l'admire, il s'attendrit, il s'exalte, et, de son cœur rempli d'un nouvel amour s'échappe le célèbre épithalame qui révèle au monde futur l'essence et les saintes lois du mariage : Voici l'os de mes os et la chair de ma chair. On lui donnera un nom pris du nom de l'homme parce qu'elle a été tirée de lui ; c'est pourquoi l'homme quittera son père et sa mère et s'attachera à son épouse, et ils seront deux dans une même chair. A ce cri d'amour, Dieu répond par une bénédiction d'où jaillit l'humanité, et qui soumet à son empire les êtres qu'il a déjà bénis et fécondés : Croissez et multipliez, vous remplissez la terre ; qu'elle vous soit soumise, et soyez les maîtres de tout ce qu'elle contient. Tel est le premier mariage, le mariage typique.

« Il est bien important d'en considérer l'essence, car c'est à cette vérité fondamentale que se rattachent les grandes questions de droits et de devoirs que nous aurons à traiter. »

Malgré l'autorité de l'auteur que nous venons de citer, nous avouons ne pas comprendre comment il est possible de tirer logiquement du récit du premier coït d'Adam et d'Ève, véritable *union libre* s'il en fut, les bases du sacrement du mariage tel que l'Église le constitua bien des siècles après la disparition de ce paganisme, dont elle sut si bien s'emparer des coutumes et des cérémonies capables d'assurer son influence sur les peuples.

Les premiers Pères de l'Église, au lieu de voir, comme le père Monsabré, le principe du mariage dans ce premier rapprochement sexuel d'Adam, dû à la transformation de sa côte, n'y virent qu'un acte de rébellion suggestionné par la femme dirigée par l'esprit satanique du serpent.

Et c'est parce qu'ils jugèrent ainsi, c'est parce qu'ils considérèrent ce premier coït comme un crime devant engendrer toutes les douleurs morales et les souffrances physiques de l'espèce humaine, qu'ils n'hésitèrent pas à anathématiser la femme, à laquelle plusieurs ne voulurent bien reconnaître une âme qu'après la décision catégorique du concile de Mâcon (ve siècle).

Et c'est pour que nos lecteurs, et surtout nos lectrices, ne puissent nous taxer de parti-pris, ou d'interprétation erronée, que, nous effaçant momentanément, nous allons donner la parole aux Pères de l'Église auxquels nous nous sommes contenté de faire allusion jusqu'ici :

« On a honte quand on réfléchit à la nature de la femme », écrit *Clément d'Alexandrie* ;

« Un homme sur mille peut être pur ; une femme, jamais », affirme *Grégoire le Thaumaturge* ;

« La femme est l'organe du diable », appuie *saint Bernard* ;

« Sa voix est le sifflement du serpent », souligne magistralement *saint Antoine* ;

« La femme est un scorpion ! » articule nettement *saint Bonaventure* ;

« La femme est l'instrument qu'emploie le

diable pour posséder nos âmes», déclare catégoriquement *saint Cyprien.*

« Femme, tu es l'entrée du diable ; c'est toi qui as violé l'arbre défendu, et qui, la première, as déserté la loi divine ; c'est toi, qui as persuadé celui que le démon n'osait pas attaquer. Tu as détruit l'image du *Dieu-Homme* », s'exclame *Tertullien* ;

« De toutes les bêtes féroces, la plus dangereuse est la femme », affirme *saint Jean Chrysostôme* ;

« La femme a le poison de l'aspic, la malice d'un dragon », se contente de dire *saint Grégoire le Grand* ;

« La femme est la porte du diable, la route de l'iniquité », tonne *saint Jérôme* ;

« La fille du mensonge, la sentinelle de l'enfer, l'ennemie de la paix », murmure dédaigneusement *saint Jean d'Amiscine.*

« Qu'elles soient silencieuses, qu'elles restent chez elles, et qu'elles consultent leurs maris », écrit le même *Tertullien* dans un autre passage de ses œuvres.

Quant à *saint Paul*, le véritable fondateur de l'Église dite chrétienne, il s'exprime ainsi en parlant de la femme, telle qu'il l'accepte dans sa communauté chrétienne :

« Elle doit rester assise à la maison, chanter, prier, lire, veiller et jeuner et continuellement parler à Dieu dans des chants et des hymnes. »

L'opinion si sévère des Pères que nous venons de citer, Pères dont l'autorité a été si considérable dans la formation de la Théologie catholique, prouve combien l'Église des premiers siècles se montra hostile au rapprochement matériel, au coït, duquel — ils le reconnaissent pourtant ! — découle notre humanité.

Mais, tout en reconnaissant le fait, ils pensaient et professaient la doctrine de l'engendrement spirituel, sans péché de l'humanité, par une opération analogue à celle qui eut lieu pour l'engendrement du Christ.

Saint Augustin, dont la théologie chrétienne est encore si imprégnée, a soutenu, tout particulièrement, la thèse que nous venons de mentionner, c'est-à-dire la thèse d'un coït spirituel, sans péché : « Quiconque soutient, dit-il dans sa *Cité de Dieu* (1), qu'Adam et Ève n'eussent

1. Livre XIV, chap. 23, 26.

point eu d'enfants s'ils n'eussent péché, ne dit autre chose, sinon que le péché de l'homme était nécessaire pour accomplir le nombre des saints. Or, cela ne peut s'avancer sans absurdité... Ainsi, de ces mariages dignes de la félicité du Paradis, eussent été engendrés des enfants dignes d'amour, et leur génération eût été exempte de la honte de la concupiscence charnelle. Comment cela eût-il pu se faire? Nous n'avons point aujourd'hui d'exemple pour le montrer ; et toutefois il n'est pas incroyable que cette partie du corps eût été soumise à la volonté lorsqu'il y a tant d'autres membres qui le sont.

« Ainsi le champ de la génération eût été ensemencé par les parties destinées à cette œuvre, de même que la main répand des semences dans le sein de la terre ; et tandis qu'à cette heure la pudeur nous empêche de parler plus ouvertement de ces matières, et nous fait un devoir de ménager les oreilles chastes, nous eussions pu en discourir librement dans le Paradis, sans crainte de susciter de mauvaises pensées. Il n'y aurait point même eu de paroles déshonnêtes. Mais tout ce que nous eussions dit de ces parties aurait été aussi honnête que ce que nous disons des autres membres du corps... Loin donc de nous la pensée que, dans une si grande félicité, l'homme n'ait pu engendrer sans la maladie de la luxure! Les parties destinées à la génération auraient été mues, comme les autres membres, par le seul commandement de la volonté. »

C'est à la suite de saint Augustin, que saint Thomas et beaucoup de théologiens se sont posé ces deux questions :

1° Dans l'état d'innocence la génération aurait-elle eu lieu en vue de la multiplication du genre humain ?

2° Cette génération se serait-elle opérée comme elle s'opère aujourd'hui par le coït ?

Deux opinions répondiront à la première question :

L'une, déclarant que Dieu n'avait donné le commandement de croître et de multiplier qu'en prévision même du péché et de la mort qui devait en être la suite ; l'autre, affirmant, d'accord avec saint Augustin et saint Thomas d'Aquin, que le précepte donné à l'homme de croître et de multiplier était indépendant de la nécessité du péché et de la mort.

Quant à la seconde question, beaucoup de théologiens, suivant l'opinion de saint Chrysostôme, et de saint Grégoire de Nysse, déclarèrent qu'en considération de la honte attachée au coït, la génération se fût opérée par une création divine, comparable à celle des anges ; d'autres, inspirés par saint Thomas, déclarèrent qu'elle se serait opérée de la même façon que de nos jours, car, ajoutait-il, la distinction des sexes ne pouvait avoir d'autre but.

C'est à une opinion mixte que s'arrêta le Concile de Latran, en déclarant, par la bouche d'Innocent III, que, « si l'homme n'avait pas péché, il n'eût pas été divisé en deux sexes, ni engendré ; mais les hommes se seraient multipliés de la même manière que les anges.

Ce serait peut-être ici, le cas de rendre à César ce qui appartient à César, et de rendre à saint Augustin le paradis coïtant de Mohammed, l'illustre fondateur de l'Islam.

En effet, les fameuses houris promises à ses disciples par ce dernier, houris devant rester toujours vierges, malgré d'éternels coïts, houris dont on s'est tant moqué dans le monde chrétien (1), ne sont-elles pas décrites dans ce passage du célèbre Père de l'Église ? « Dans l'état d'innocence, l'homme se serait livré aux embrassements de son épouse sans ressentir en sa chair aucun aiguillon de volupté, mais avec une entière tranquillité de corps et d'esprit, et sans que la virginité de la femme en ait souffert aucune atteinte, comme nous voyons maintenant la menstruation s'accomplir chez les vierges sans les déflorer. »

Alors, dans ces conditions, a-t-on bien le droit de traiter si sarcastiquement les révélations du prophète arabe sur les occupations de ses fidèles dans le paradis islamique ?

Ainsi qu'on l'a vu, la désobéissance, ou la trop grande obéissance, si l'on veut, aux ordres de l'Eternel, avait donné naissance à deux enfants qui portèrent le nom de Caïn et d'Abel ; or, n'est-il pas épouvantable de penser que, sur deux hommes, les premiers-nés d'Adam et d'Ève, l'histoire biblique est forcée de recon-

1. Ce paradis de l'Islam, a fourni à Fragonard le sujet d'une fort belle peinture représentant le coït céleste de saint Augustin et de Mohammed.

naître un assassin et une victime : le premier des criminels et la première victime de l'orgueil et de la jalousie?

Triste début d'une humanité dont le Livre contiendra plus de pages rouges et sanglantes que de pages blanches, et dont on pourra dire qu'elle n'a été qu'un mélange épouvantable de passion, de haine, de colère et de vices de toute nature.

Contrairement à l'opinion générale des rabbins, prétendant qu'Adam et Ève coïtèrent dès leur création dans le jardin d'Héden, en raison de l'ordre de Dieu, « croissez et multipliez », les Pères et les commentateurs de l'Écriture soutiennent que nos premiers parents n'usèrent du coït qu'après leur expulsion du Paradis terrestre : « Il était convenable, dit saint Augustin, qu'ils attendissent cette autorisation pour un acte auquel ne les poussait aucune concupiscence de la chair. Ce qu'il y a de certain, c'est qu'Adam n'a connu sa femme et n'en a eu des enfants qu'après être sorti du Paradis.

Que conclure de tout ce qui précède? Sinon que le coït, envisagé chrétiennement, judaïquement, islamiquement ou païennement, a conduit le monde, en a été le MAITRE, du jour de sa création jusqu'à notre époque.

Culte universel du Phallus, ou image symbolique de la création divine ou naturelle, acceptée ou combattue par la science théologique moderne, le coït reste le grand acte, la puissante source vive, d'où découlent les humanités et tout ce qui naît, vit et se transforme dans la mort et par la mort (1).

Salut donc, ô acte si grand, si pur, si divinement mystérieux, si puissant et si humain, que, seules, nos passions déréglées, nos folies hystériques et notre profonde hypocrisie devaient transformer en une prostitution éhontée !

1. Voir l'appendice A.

CHAPITRE II

Du coït considéré comme péché originel.

SOMMAIRE. — Le coït sans la dévirginisation de la femme, suivant saint Augustin, saint Thomas d'Aquin, le P. Monsabré et les théologiens catholiques. — Qui s'est trompé ? Est-ce Dieu ou les hommes ? — Comme quoi cette doctrine appuie celle du coït paradisiaque de Mohammed. — Les démentis de l'histoire et de la science. — Conséquences des jugements des premiers Pères de l'Église. — La doctrine du célibat et de la virginité développe la prostitution.

Revenant sur les relations sexuelles qui se seraient opérées à la façon paradisiaque indiquée par Mohammed, c'est-à-dire sur le coït spirituel sans la *dévirginisation organique* de la femme, le P. Monsabré a écrit ces lignes charmantes, dont nous ne voudrions à aucun prix faire tort à nos lecteurs :

« Ce qu'aurait été le mariage dans l'état d'innocence, dit-il, nous pouvons le conjecturer, si nous nous rappelons la perfection originelle de nos premiers parents : la noblesse, la majesté, la grâce de leur corps, harmonieux ensemble de lignes, de contours, de tons, de mouvements, pétri par Dieu lui-même et animé d'un souffle de vie qui transpire à travers une chair immaculée, rayonne sur un front royal, et nous fait admirer, dans une virginale beauté, le double épanouissement de la grâce et d'une nature parfaite. Corps affranchi des humiliantes servitudes de la matière, et laissant à la vie contemplative les loisirs d'un plein épanouissement; âme illuminée par une science divine sensible au toucher de la grâce, habituée aux visites et aux embrassements de Dieu, investie d'un souverain empire sur les créatures de ce monde; couple charmant, enchaîné par un inaltérable amour dans un lieu de délices, et pour qui tout est saint dans la chair même, dont ils voient sans rougir la chaste nudité, dont ils ignorent les révoltes et dont ils ne soupçonnent pas les criminels plaisirs. Souche vénérable et très pure de rejetons qu'ils engendrent sans honte et sans douleur, et auxquels ils communiquent par la génération, l'intégrité et les privilèges de leur nature sanctifiée. Qui pourrait dire les joies et les gloires de cette union? »

Malheureusement, pour saint Augustin, saint Thomas d'Aquin, le P. Monsabré et les autres théologiens catholiques, l'histoire de notre monde et sa science mettent singulièrement en doute cette vision séraphique de l'esthétique de nos premiers parents : Tout indique, en effet, que les premiers hommes, se rapprochant beaucoup du gorille, furent taillés d'une façon herculéenne, sans aucune des grâces que leur attribue la poésie théologique.

Venus sur un monde aux révolutions géologiques presque continuelles, au milieu d'animaux monstrueux, puissants et redoutables, vivant au sein d'une flore admirable mais colossale, ils durent posséder une force, une puissance d'agilité continuelle pour pouvoir passer tour à tour de la défensive à l'attaque, sauvegarder leurs jours des embûches et des dangers qui les entouraient et assurer le fonctionnement de leurs instincts.

Mis en parallèle avec ces premiers habitants de notre globe, le plus laid et le plus vigoureux des nègres pourrait passer pour un Adonis.

Mais, nous sommes dans les récits bibliques, dans la seule histoire reconnue véritable et divine par l'Église, restons-y donc.

Le théologien par excellence du *péché originel* est incontestablement saint Augustin, et sa doctrine, appuyée sur celle de saint Paul, est celle qui a été unanimement adoptée par l'Église.

Quelle est, en somme, cette doctrine faisant du coït naturel, de cette grande et mystérieuse loi de *l'amour*, loi que l'on retrouve dans tous les phénomènes de la nature, loi qui, en fait, explique seule l'existence de l'homme et de la femme, quelle est, disons-nous, la formule de cette condamnation qui place le coït dans la catégorie du péché originel, c'est-à-dire du crime que nous aurions tous à expier, parce qu'il plut un beau jour à notre première mère d'écouter les paroles insinueuses du serpent, et qu'il lui plut surtout d'offrir son corps immaculé aux caresses énergiques et fécondatrices de son époux ?

La voici telle qu'elle est indiquée dans la *morale matrimoniale* catholique :

« Tout le genre humain était dans le premier homme, quand Dieu lui prononça l'arrêt de sa condamnation. Créé innocent et droit, mais corrompu par sa propre malice et justement condamné, le premier homme a engendré des enfants corrompus et condamnés comme lui, nous étions véritablement tous en lui quand il pécha. Nous n'avions pas encore reçu à la vérité notre propre existence ; mais le germe dont nous devions partir était déjà et l'homme ne pouvait pas naître de l'homme dans une autre condition que lui.

« Le premier châtiment du péché de nos premiers parents fut la révolte de la chair contre l'esprit, ou la concupiscence. Abandonnés de la grâce de Dieu, aussitôt qu'ils eurent désobéis, ils rougirent de leur nudité. C'est pour cela qu'ils se couvrirent de feuilles de figuier et en cachèrent leurs parties honteuses, qui n'étaient pas telles auparavant, quoique ce fussent les mêmes membres. Ils sentirent un nouveau mouvement de leur chair rebelle comme châtiment réciproque de leur propre désobéissance. Comme l'âme s'était délectée dans le mauvais usage de sa liberté, et avait abandonné volontairement son Seigneur, elle ne put plus disposer à sa volonté de son esclave ni conserver son empire sur sa chair, comme elle aurait fait si elle fût demeurée soumise à son Dieu.

« Ce fut alors que la chair commença à convoiter contre l'esprit, et c'est ainsi que nous naissons avec cette guerre intestine, résultat de la première prévarication, qui a engendré la mort spirituelle du péché dans notre nature corrompue, et amené, comme son châtiment, la mort corporelle et toutes les misères de notre existence.

« Saint Augustin insiste surtout sur l'erreur qui consisterait à soutenir que la chair est cause de tous les péchés, et que l'âme n'y est sujette que parce qu'elle en est revêtue : « La foi nous enseigne, dit-il, que la corruption du corps qui appesantit l'âme n'est pas la cause, mais la peine du premier péché, que ce n'est pas la chair corruptible qui a fait l'âme pécheresse, mais l'âme pécheresse qui a fait la chair corruptible. » Cette assertion est dirigée contre les Platoniciens, qui soutenaient que tous les vices viennent du corps, et surtout contre les

Manichéens (1), qui condamnaient la chair comme un mal. La psychologie théologique dira la même chose que saint Augustin, mais en d'autres termes, quand, avec saint Thomas, elle mettra la concupiscence, non dans le corps ou la chair, mais dans l'appétit de l'âme sensitive, et qu'elle fera venir cette âme sensitive de la génération.

« Lors donc que l'homme eut méprisé le commandement de Dieu qui l'avait créé, son esprit devint charnel, lui, dont le corps même devait devenir spirituel s'il n'eût point péché. Toutes les convoitises mauvaises se firent sentir en lui, en particulier cette convoitise appelée *libidineuse* (*libida*), qui s'entend de ce mouvement qui excite les parties obscènes du corps, et est moins que toute autre soumise à la volonté de l'âme.

« Or, dit saint Augustin, cette passion est si forte, qu'elle ne s'empare pas seulement du corps, mais de l'esprit et qu'elle émeut l'homme tout entier ; de sorte qu'au moment où cette

1. Saint Augustin avait été Manichéen avant de se convertir à la foi catholique.

volupté, qui est la plus grande de toutes celles du corps, s'accomplit, l'âme en est tellement enivrée que toutes ses fonctions en demeurent suspendues. Quel est l'ami de la sagesse et des saintes joies qui, étant marié, mais, sachant, comme dit l'apôtre, posséder son vase saintement et honnêtement, sans suivre les désirs déréglés de l'intempérance, comme les païens, n'aimât beaucoup mieux, s'il le pouvait, engendrer des enfants sans cette sorte de plaisir, de manière à ce que les membres destinés à la génération fussent soumis à l'empire de la volonté comme les autres, plutôt qu'emportés par les bouillons impétueux de la convoitise ? Mais ceux mêmes qui aiment cette volupté, soit dans l'union légitime du mariage, soit dans les commerces honteux de l'impureté, ne sont pas émus quand ils voudraient l'être. Ces mouvements tantôt nous importunent malgré nous, et tantôt abandonnent ceux qui les désirent avec le plus d'ardeur ; et tandis que leur âme est tout en feu, leur corps reste glacé (1).

« Ainsi, par une étrange merveille, il arrive

1. *La Cité de Dieu.*

souvent que non seulement cette passion déréglée n'obéit pas aux désirs légitimes du mariage, mais qu'elle ne sert pas même aux désirs déréglés de l'impudicité; quand le plus souvent, elle résiste à l'esprit qui fait effort pour l'arrêter, d'autres fois elle se divise contre elle-même et ébranle l'âme sans émouvoir le corps.

« C'est avec raison que nous avons honte de cette convoitise, et que ces membres s'appellent honteux; ce qui n'était pas avant le péché; « ils étaient nus, dit l'Écriture, et ils n'en rougissaient pas » ; non que leur nudité ne leur fût pas connue, mais, parce qu'elle n'était pas encore honteuse, la désobéissance de la chair ne reprochant point encore à l'homme sa désobéissance. En effet, ils n'avaient pas été créés aveugles, comme le vulgaire ignorant se l'imagine : leurs yeux étaient ouverts, mais, ils ne l'étaient pas pour cela, leurs membres ne sachant ce que c'était de désobéir à la volonté. Mais quand ils eurent perdu cette grâce, Dieu punissant leur désobéissance par une autre, un mouvement nouveau et déshonnête s'éleva tout d'un coup dans leur corps, qui leur fit apercevoir l'indécence de leur nudité, et les couvrit de confusion... Leurs yeux furent ouverts, pour connaître le bien qu'ils avaient perdu et le mal qu'ils venaient d'encourir. Confus de la révolte de leur chair, ils entrelacèrent des feuilles de figuier et en couvrirent leur nudité. De là vient qu'il est tellement naturel à tous les peuples de couvrir les parties honteuses, qu'il y a des barbares qui ne les découvrent pas même dans le bain ; les gymnosophistes de l'Inde eux-mêmes, qui philosophent tout nus dans les solitudes de leurs épaisses forêts, ont soin aussi de les couvrir.

« Lorsque la convoitise veut se satisfaire, non seulement dans les commerces illicites, mais dans ceux mêmes que la société permet ou tolère, dans l'usage même des prostituées, elle ne laisse pas de fuir le jour et la vue des hommes ; ce qui prouve qu'il a été plus aisé à l'impudicité de s'affranchir du joug des lois qu'à l'impuissance d'abolir les retraites de la pudeur. Les débauchés appellent eux-mêmes ces actions déshonnêtes ; et quoiqu'ils les aiment, ils rougissent de les publier. L'union légitime du mariage elle-même ne cherche-t-elle pas aussi le secret et ne chasse-t-elle pas tous les servitours, les paranymphes eux-mêmes et tous les autres invités, avant que l'époux donne à l'épouse la première caresse ? Qui, cependant ne sait ce qui se passe dans la procréation des enfants, puisque ce n'est que pour cela que l'on épouse des femmes avec tant de solennité ? et néanmoins, quand se passe l'acte d'où naissent les enfants, il n'est pas même permis aux enfants déjà nés d'en être les témoins. D'où vient cela, sinon de ce que cette action, bien qu'honnête et permise, se ressent toujours de la honte qui accompagne la peine du péché ?... Chez les cyniques, eux-mêmes, la pudeur naturelle l'a emporté sur l'exemple de Diogène ; elle a été plus forte que l'orgueil qui les portait à affecter une honteuse ressemblance avec les chiens. Nous voyons encore tous les jours des cyniques, portant manteau et bâton ; mais si quelqu'un d'eux était assez effronté pour entreprendre quelque action semblable, je ne doute point qu'on ne le lapidât, ou du moins qu'on ne lui crachât à la face.... L'homme donc a naturellement honte de cette convoitise, et avec raison puisqu'elle atteste sa désobéissance, dont les marques devaient surtout paraître dans les parties qui servent à la génération de la nature corrompue par le péché. »

Après de telles constatations, après de telles opinions formulées par saint Augustin et les esprits les plus éminents de l'Église catholique, comment ne pas considérer le coït, cet acte si universel, si indispensable au renouvellement des espèces et à la durée de la vie mondiale, comme une faute, comme un péché originel ?

Et, pourtant l'auteur des cinq premiers livres de l'Ancien Testament ne fit-il pas dire à Dieu : « Allez, croissez et multipliez ! »

Quel est donc celui qui se trompe ?

Est-ce, au point de vue biblique, Dieu ?

Est-ce saint Augustin ?

Sont-ce tous les Pères de l'Église ?

Si *la virginité* est considérée comme un état supérieur, et tellement supérieur qu'elle est le lot divin des prêtres et des sœurs, dont la virginité doit appartenir à Dieu seul, c'est-à-dire à Jésus-Christ, que devient donc le commandement biblique ?

Pourquoi Dieu a-t-il prescrit le coït comme un acte destiné à peupler le monde, si cet acte est considéré comme le péché originel que le baptême doit effacer ?

Et, enfin, puisqu'il est accepté que nous eussions divinement coïté sans que la femme perdît sa virginité et fût soumise aux douleurs, aux dangers de l'enfantement, pourquoi nous moquons-nous tant du Paradis promis par Mohammed à ses fidèles ?

Est-ce que tout ce que dit le grand prophète arabe n'est pas scrupuleusement conforme à ce qu'ont professé les Pères de l'Église sur les résultats destructifs des ivresses paradisiaques par la coquinerie du serpent ?

Quel crime a donc commis Mohammed en affirmant à ses disciples que, pour prix de leur bonne conduite « ici-bas », Dieu leur donnerait un paradis où ils auraient toujours trente ans et où ils chanteraient les louanges de l'Éternel, en coïtant avec de jeunes, jolies et belles filles qui resteraient toujours vierges ? (1)

Les sarcasmes que nous avons vu formuler contre la femme par les plus éminents Pères de l'Église ; le doute que certains prêtres eurent

1. Voir *El Ktab des Lois secrètes de l'amour.*

en ce qui touche l'existence d'une âme chez la femme; ces vœux de chasteté que prononcent les jeunes prêtres et les religieuses lors de leur ordination,.... les folies ithyphalliques qui découlent trop souvent de ces vœux, ne reconnaissent en réalité d'autre source que le jugement porté par saint Augustin et tous les théologiens sur l'acte si naturel, si divin, pourrions-nous dire, du rapprochement de l'homme et de la femme.

En décrétant ce rapprochement de péché originel, en s'élevant de leur propre autorité contre l'acte le plus naturel et le plus universel, en faisant de cet acte créateur une action diabolique, suggestionnée par cet énigmatique *serpent*, dont ils font à leur insu une puissance capable de contrebalancer celle du Créateur, les disciples de saint Paul et de saint Augustin, en se plaçant entre l'Éternel et ses créatures, ont tout simplement créé et sanctionné la prostitution.

Si, plus tard, l'Église modifia ses premières vues sur la femme et le coït, elle ne le fit que poussée par la force des choses, et sous l'influence païenne des premières lueurs du culte que la chrétienté ne devait pas tarder à rendre à l'idée symbolique de la *Vierge Marie* et de l'Immaculée-Conception.

C'est là ce que nous verrons plus amplement dans la suite de notre travail.

CHAPITRE III

Du seul moyen licite de pratiquer le coït.

Sommaire. — Les opposants à la doctrine du péché originel. — La définition de ce péché. — Du coït ou de la fornication simple. — Le coït dans le mariage. — Supériorité du célibat édictée par l'Église de Rome. — Les conséquences de cet édit. — La prostitution s'installe à l'ombre des églises. — Le culte de la Vénus mercenaire dresse ses autels près des temples chrétiens. — Opinions de saint Augustin, de saint Ambroise et des traditionnistes catholiques. — L'épître de saint Paul aux Corinthiens et à Timothée. — Réflexion.

La doctrine du péché originel ne s'est pas constituée sans rencontrer une certaine hostilité. Les Manichéens, particulièrement, objectaient à la thèse soutenue par saint Augustin, que Dieu, en créant la femme, prévoyait qu'elle devait se laisser séduire et entraîner Adam dans sa faute ; les Sabéens, disciples de saint Jean-Baptiste, qui ne reconnaissaient dans le

Christ qu'un lieutenant infidèle de leur Prophète, s'élevèrent contre le récit de Moïse et contre l'opinion des Pères de l'Église faisant d'Ève la Pandore néfaste créée pour le malheur de l'humanité.

Les gnostiques allèrent jusqu'à attribuer à la femme un rôle prépondérant dans l'œuvre de la rédemption du salut humain ; et l'*Hélène-Emraia* de Simon le magicien ne fut que la mère antérieure de la *Vierge vénitienne* de Postel (1) qui devait sauver la partie féminine de notre âme, dont le Christ n'avait sauvé que la partie masculine.

Mais, toutes ces branches du christianisme primitif ayant été vaincues par les Églises de Rome et de Constantinople, — Église romaine et Église grecque, — elles furent considérées comme impies et disparurent à la longue avec leur enseignement et leur opposition à la formule du péché originel.

Quand les opposants à cette formule s'adressaient à Saint-Augustin, celui-ci répandait, aux Pélagiens entre autres qui lui reprochaient d'avoir

1. Postel, célèbre Cabaliste, a traduit le *Livre de la création* faisant remonter la doctrine de la Cabale à Adam.

inventé contre eux le dogme du péché originel : « Je n'ai pas imaginé le péché originel ; la foi catholique y croit dès les temps les plus reculés ; mais, toi qui le nies, tu es évidemment un novateur et un hérétique. »

Lorsque les Pères de l'Église sortaient de leurs affirmations pour expliquer comment pouvait s'opérer la transmission héréditaire de ce péché, ils se trouvaient dans un embarras analogue à celui qu'avait éprouvé saint Augustin.

« Les uns, dit l'auteur de l'article « Péché originel », dans le *Dictionnaire Encyclopédique de la théologie catholique de Goschler ;* les uns, admettant le *traducianisme ou le génératianisme,* enseignent que nos âmes étaient toutes en germe en Adam lorsqu'il pécha, et furent ainsi souillées et devinrent coupables parce que, dans la génération, elles émanent d'une âme souillée... D'autres, pour expliquer le fait du péché originel, en ont appelé à la science qu'a Dieu de l'avenir contingent, et pensent que Dieu impute le péché d'Adam à tous les hommes, parce qu'il sait que, dans des circonstances semblables à celles où s'est trouvé Adam, ils auraient agi comme lui. D'autres encore en réfèrent au décret de Dieu, en vertu duquel tous les hommes sont liés par la décision d'Adam, ou allèguent un contrat positif entre Dieu et Adam.

« C'est l'hypothèse du *fédéralisme*. Mais, abstraction faite de ce que la révélation n'offre pas le moindre point d'appui à ces hypothèses, elles ne peuvent pas se concilier avec la justice de Dieu et l'idée de l'humanité. Cependant, toutes ont une lueur de vérité. Ce n'est pas un décret extérieur ou un contrat formel qui planerait par hasard sur l'humanité et déterminerait sa destinée, mais, c'est la profondeur de la nature humaine, en tant qu'organisme générique, qui explique l'hérédité du péché commis par le père de la race. »

Toutes ces explications péchant par leur base, les théologiens affirmèrent le *fait* et laissèrent là leurs explications très hypothétiques.

On résuma la question en admettant le coït comme une exécution forcée, quoique naturelle, du principe de la génération et de la population, mais excusable seulement dans et avec le sacrement de mariage !

Et pour mieux mettre en évidence la supériorité de l'abstinence, de la non déVirginisation, sur le coït pratiqué en vue seule de la procréation, et en obéissance au grand commandement de l'Ancien Testament ; l'Église romaine, l'Église catholique universelle, décréta que ses mandataires, hommes et femmes, prêtres et religieuses, prononceraient des vœux de célibat éternel !

En raison de cette décision, si contraire à la loi naturelle, les prêtres et les religieuses se trouvèrent d'un seul coup mis hors la loi de la nature, et furent condamnés aux égarements mystiques qui, jadis, avaient conduit les jeunes vierges païennes à sacrifier leur virginité aux phallus de bronze, de bois ou de marbre des Faunes et des dieux mythologiques. Si le *fait* n'était plus le même, l'*idée* restait toute puissante et les vierges chrétiennes portèrent leur virginité à leur époux mystique : à Jésus-Christ.

Or, de cette décision de Rome allait naître une prostitution d'autant plus profonde et dévastatrice, qu'elle devait se cacher pour obéir aux entraînements charnels des âmes.

Partout où Rome construisit des Églises, on

vit, dans leur ombre même, l'antique culte de la Vénus mercenaire établir ses sanctuaires et consacrer ses autels en sacrifiant au Dieu de l'amour et de la procréation !

En affirmant que les seuls moyens licites de pratiquer le coït consistaient dans la copulation simple sous l'égide sacrée du mariage et de son sacrement ; en décrétant la monogamie, si contraire aux exemples fournis par la nature, œuvre de ce Dieu, de ce Créateur dont les Pères de l'Église se prétendaient les porte-voix, Rome, la forteresse intellectuelle des Papes, décrétait du même coup la violation secrète des lois naturelles.

La nature, violentée par elle, se révoltait et appelait à son secours le rituel ithyphallique des cultes dont l'Église romaine venait de prendre la place.

Si on veut nous objecter que l'Église ne sanctionna jamais ce que nous avons appelé avec elle la prostitution, nous répondrons, avec ses principaux canonistes, que, sans sanctionner la prostitution, elle l'accepta comme un fait naturel, comme une conséquence des passions humaines, comme une nécessité, une garantie de la santé et de la moralité des familles.

C'est du reste ce que nous verrons dans le chapitre suivant.

Saint Augustin, en posant en principe, avec saint Ambroise et toute la tradition catholique, que, de droit divin, la continence est préférable au mariage, et que la virginité est plus excellente que le lien conjugal, a bien soin, tout au début du traité spécial qu'il a consacré à ce sujet (1), de rappeler aux vierges qu'elles ne doivent point se laisser aller à l'orgueil et mépriser celles qui n'ont pas été favorisées de ce don de Dieu : « Parce que la continence et la virginité, dit-il, sont préférables de droit divin au mariage ; ces vierges ne doivent pas croire qu'elles sont supérieures en mérite à celles qui servirent autrefois, par la génération des enfants, au dessein de Jésus-Christ qui devait naître d'eux. Mais dans le temps où nous vivons, ceux auxquels il a été dit : « Que ceux qui ne peuvent pas garder la continence se marient », ceux-là, dis-je, ont plutôt besoin de consolation que d'exhortation. Pour ceux, au contraire, auxquels il est dit : « Que celui qui

1. *De Virginitate.*

peut s'élever jusque-là le fasse (1) », ils ont besoin d'être exhortés pour ne pas être effrayés comme ils ont besoin d'être effrayés pour qu'ils ne s'enorgueillissent pas. »

Jusqu'ici nous avons surtout donné la parole à saint Augustin, le véritable père, avec saint Paul, des doctrines catholiques que nous exposons. Il est temps que nous la cédions à son prédécesseur, à ce saint Paul, à ce *véritable créateur de ce christianisme n'ayant de Jésus et de sa doctrine que ce que l'apôtre des gentils a su y mettre.*

Saint Paul, répondant aux questions que les Corinthiens lui avaient posées, établit les principes qui sont devenus la base des développements ultérieurs de la théologie. Célibataire endurci, persistant à vivre dans le célibat, l'apôtre se donne comme exemple et continue ainsi sa fameuse épître (2) :

« Pour ce qui regarde les choses dont vous m'avez écrit, je vous dirai qu'il est avantageux à l'homme de ne point toucher à la femme.

1. Saint Paul.
2. Première Épître aux Corinthiens. Chap. VII.

« Mais, en vue d'éviter la fornication, que chaque homme ait sa femme et chaque femme ait son mari.

« Que le mari rende à sa femme ce qu'il lui doit et de même la femme à son mari.

« Le corps de la femme n'est point en sa puissance, mais en celle du mari ; de même que le corps du mari n'est point en sa puissance, mais en celle de sa femme.

« Ne vous frustrez point l'un l'autre de vos droits, si ce n'est d'un commun consentement afin de vaquer à la prière ; mais revenez de nouveau à la vie commune, de peur que Satan ne vous tente par votre incontinence.

« Or, je dis ceci par condescendance et non par commandement.

« Car je voudrais que vous fussiez tous comme je suis moi-même ; mais chacun a son don particulier qui lui vient de Dieu, l'un d'une manière et l'autre d'une autre.

« Quant aux personnes qui ne sont point mariées ou qui sont veuves, il leur est bon de demeurer en cet état comme j'y demeure moi-même.

« Si elles ne peuvent garder la continence,

qu'elles se marient, car il faut mieux se marier que de brûler.

« Mais, pour ceux qui sont déjà mariés, ce n'est pas moi, mais le Seigneur qui leur fait ce commandement : Que la femme ne se sépare point de son mari.

« Si elle s'en sépare qu'elle demeure sans se marier ou qu'elle se réconcilie avec son mari. Et que le mari de même ne renvoie pas sa femme.

« Pour ce qui est des autres, ce n'est pas le Seigneur, c'est moi qui le leur dit. Si un frère a une femme infidèle et qu'elle consente à habiter avec lui, qu'il ne la renvoie pas.

« Et si une femme fidèle a un mari infidèle et qu'il consente à habiter avec elle, qu'elle ne le renvoie pas non plus.

« Car le mari infidèle est sanctifié par la femme fidèle, et la femme infidèle est sanctifiée par le mari fidèle. Autrement vos enfants seraient impurs, au lieu que maintenant ils sont sains...

« Que chacun demeure donc dans l'état où il était lorsqu'il a été appelé et qu'il s'y tienne devant Dieu.

« Quant aux vierges, je n'ai point reçu de commandement du Seigneur; mais c'est un conseil que je leur donne ; en tant que j'ai obtenu du Seigneur de demeurer fidèle dans la doctrine.

« Je pense donc qu'il est avantageux à cause de la nécessité pressante que chacun demeure ainsi.

« Êtes-vous lié à une épouse ? ne cherchez point à vous délier. Êtes-vous libre de ce lien ? ne cherchez point de femme.

« Si vous avez pris une épouse, vous n'avez pas péché et si une vierge se marie, elle ne pèche pas. Toutefois, ces personnes éprouveront la tribulation de la chair, et c'est là ce que je voudrais vous épargner.

« Voici donc ce que je dis, mes frères : Le temps est court, par conséquent que ceux mêmes qui ont une femme soient comme n'en ayant pas.

« Et ceux qui pleurent comme ne pleurant pas, et ceux qui se réjouissent comme ne se réjouissant pas, et ceux qui achètent comme ne possédant pas ;

« Et ceux qui usent de ce monde comme n'en

usant pas ; car la figure de ce monde passe.

« Je voudrais que vous fussiez sans sollicitude humaine. Celui qui n'a pas de femme met sa sollicitude dans les choses du Seigneur, il cherche comment il plaira à Dieu.

« Mais celui qui a épousé une femme met sa sollicitude dans les choses du monde ; il cherche à plaire à sa femme, et il est partagé.

« De même aussi, la femme qui n'est pas mariée, la vierge, pense aux choses de Dieu, afin d'être sainte de corps et d'esprit. Mais celle qui est mariée, pense aux choses du monde et elle cherche comment elle plaira à son mari.

« Or, c'est pour votre avantage que je parle ainsi, et non pas pour vous tendre un piège ; je le dis, parce que c'est une chose honnête, et qui vous donnera le moyen de plaire au Seigneur sans empêchement.

« Si quelqu'un croit honteux pour lui que sa fille, plus qu'adulte, reste vierge, et qu'il faut la marier ; qu'il fasse ce qu'il voudra, il ne pèche pas si elle se marie.

« Mais celui qui, n'étant forcé par aucune nécessité et se trouvant pleinement maître de sa volonté, prend une ferme résolution en son cœur, et juge en lui-même de conserver sa fille vierge, celui-là fait bien.

« Ainsi, celui qui marie sa fille fait bien ; et celui qui ne la marie pas fait mieux.

« La femme est liée à la loi du mariage aussi longtemps que vit son mari. Si son mari meurt, elle est libre ; elle peut alors se marier avec qui elle voudra, mais seulement dans le Seigneur.

« Elle sera plus heureuse si elle demeure comme elle est ; c'est là mon conseil ; et je pense que j'ai, moi aussi, l'esprit de Dieu. »

Ainsi qu'il est facile de s'en rendre compte, ce texte capital de saint Paul formule en termes décisifs les droits et les devoirs conjugaux ; constate l'unité et l'indissolubilité du mariage ; établit l'égalité des époux devant les droits et les devoirs et affirme, sans contestation possible, la supériorité du célibat et de la virginité sur le mariage.

Il ne faudrait pas pourtant conclure de ce qui précède que saint Paul a été l'apôtre de l'égalité des deux sexes. Bien loin de soutenir cette théorie, l'apôtre s'est toujours montré le défenseur de la supériorité de l'homme, et nul, plus que lui, n'a été le gardien de cette supériorité.

« Que les femmes soient soumises à leurs maris, dit-il dans un autre chapitre de son *Epître aux Corinthiens*, car le mari est le chef de la femme, comme Jésus-Christ est le chef de l'Église et son Sauveur.

« Comme donc l'Église est soumise à Jésus-Christ, de même les femmes doivent être soumises en toutes choses à leurs maris. »

Dans son *Epître à Timothée*, l'apôtre revient encore sur la subordination de la femme à son mari : « Que la femme écoute en silence et avec toute soumission », dit-il.

« Je ne lui permets pas d'enseigner ni de dominer sur l'homme ; elle doit demeurer en silence.

« Car Adam a été formé le premier, ensuite Ève.

« Et Adam n'a pas été séduit le premier ; mais la femme, ayant été séduite, est tombée dans la prévarication. »

Ainsi donc, il ne peut y avoir de fausses interprétations sur le dogme catholique concernant le mariage, la virginité, le célibat et la subordination de la femme à l'homme.

Dans ces conditions, le coït, toléré comme

une action engendrée par le péché originel, ne peut être pratiqué que dans le mariage seulement et en vue seule de la procréation.

Mais ce qui demeure supérieur à cet acte, c'est la négation de la formule : « *Allez, croissez et multipliez* », combattue par l'élévation, au-dessus de toutes les lois, du dogme de la *virginité et du célibat.*

C'est-à-dire, à un point de vue strict, la cessation de la vie mondiale, par la cessation de la procréation.

Tel est, pourtant, le but monstrueux qui découlerait de la doctrine du péché originel, si le monde suivait à la lettre l'enseignement de l'Église romaine ; enseignement qui devait plus tard produire le schisme d'Orient et partager le catholicisme en deux grandes Églises, ayant toutes deux la prétention d'être orthodoxes et se traitant mutuellement de schismatique (1).

Comment voulez-vous que cette doctrine, si contraire à la nature des choses et des êtres, n'ait pas à son tour produit, par la loi de la

1. L'Église grecque accepte le mariage de ses prêtres ou Popes. La même doctrine existe chez les protestants et les Arméniens.

réaction, cette épouvantable prostitution dont nous avons signalé plus haut l'extension à l'ombre mystique des cathédrales et des églises (1)?

1. Voir à ce sujet notre ouvrage les *Perversités de la femme*, chap. IX.

CHAPITRE IV

L'Eglise et la prostitution officielle.

Sommaire. — Les doctrines biblique, islamique et catholique sur la prostitution. — L'existence des filles publiques, condamnée par le mosaïsme et l'islamisme, est approuvée, sanctionnée par le catholicisme. — Le catholicisme est sur ce point en parfaite communion avec les religions de l'Inde. — La lutte des rois de France et des pouvoirs civils contre la prostitution.— Tableaux bibliques des mœurs des filles de joie et de la prostitution.— Opinion des Pères de l'Église, des théologiens et des canonistes. — La prostitution, fille du péché originel, se développe à l'ombre des cathédrales et des temples sous la protection tacite de l'Église. — Une citation de l'ouvrage : *Les Perversités de la femme.*

Ceux de nos lecteurs qui ont lu *El Ktab des lois secrètes de l'amour*, que nous avons traduit du Khôdja Omer Haleby, abou Othmân, savent combien l'islam est opposé à tout ce qui touche à la prostitution, officielle ou non. Très large sur la question de la pluralité des femmes (1), le législateur a donné à ses disciples le droit de mort sur la femme infidèle. Ce n'est même que dans ce cas qu'il a conservé la peine de la lapidation mosaïque.

Le catholicisme s'est-il inspiré de la même sévérité ?

C'est ce que nous allons voir.

Saint Augustin, auquel nous devons toujours faire appel quand il s'agit des relations sexuelles considérées au point de vue catholique, dit textuellement : « Quoi de plus sordide, quoi de plus vide d'honneur, de plus plein de turpitude que les prostituées, les agents de prostitution, et les autres pestes de ce genre ? Et cependant, faites disparaître les courtisanes, et la débauche bouleversera le monde. » (*De l'ordre*, I. 11, ch. 18, n° 12). D'autre part, saint Liguori, le fameux canoniste, a soutenu la même thèse avec encore plus d'énergie : « La raison en est, dit-il, que si les prostituées n'existaient pas, les péchés de luxure n'en seraient que plus nombreux : Sodomie, bestialité, masturbation, et tou-

1. Les Musulmans, en outre des esclaves, peuvent avoir jusqu'à quatre femmes légitimes. Il est vrai que peu d'entre eux usent de ce privilège.

tes les fornications auxquelles se trouveraient exposées les femmes honnêtes. »

On peut, en toute assurance, constater que les deux auteurs chrétiens que nous venons de citer ont posé les bases de la tolérance que l'Église a de tous temps professée en faveur de cette institution, dont l'origine remonte à la nuit de l'humanité.

Nous savons que certains casuistes ont soutenu une doctrine opposée à celle de la tolérance, et qu'ils ont affirmé que cette tolérance avait été surtout imposée par la société civile.

Or, l'histoire démontre que, en France, particulièrement, l'élément civil, depuis Charlemagne jusqu'aux derniers Bourbons, s'est toujours élevé contre le débordement de la prostitution. Solon, même, qui fut appelé le bienfaiteur de l'humanité, n'eut d'autre pensée, en régularisant officiellement la prostitution en Grèce, que de l'endiguer par une sévère réglementation.

De la peine du fouet des capitulaires de Charlemagne, jusqu'aux tortures de saint Louis et aux nombreuses ordonnances de ses successeurs, il n'est pas de procédés que les chefs du pouvoir civil n'aient employés pour détruire ou tout au moins endiguer les effets désastreux de la prostitution.

Le passage suivant des mémoires de Joinville donnera à nos lecteurs une juste idée des procédés employés, par les ordres de saint Louis, pour réprimer et les prostituées et ceux qui les fréquentaient.

« Un chevalier, dit notre auteur, ayant été trouvé au *bordeau*, fut condamné par condition, ou que la ribaude avec laquelle il avait été trouvé, le mènerait parmi l'armée, en chemise, ayant une corde liée à ses génitoires, laquelle la ribaude tiendrait d'un bout ; ou, s'il ne voulait souffrir telle chose, qu'il perdrait son cheval et son harnais et qu'il serait chassé et fort banni du service du roi.

Notre bon chroniqueur ajoute que, le Chevalier, ayant le choix entre ces deux punitions, choisit la dernière et quitta l'armée du roi.

Plus tard, saint Louis, voyant qu'il ne pouvait extirper cette plaie de son royaume, rendit des lois plus tolérantes, ayant moins en vue la destruction du mal que son endiguement.

Si nous avons cité saint Louis, plutôt qu'un autre roi, c'est que l'Église l'a admis parmi ses saints les plus célèbres, malgré l'opposition qui lui fut faite en plusieurs circonstances par ce roi, jaloux de conserver intactes ses prérogatives royales.

Donc, quand certains théologiens veulent excuser l'Église de son esprit de tolérance envers la prostitution, sous le prétexte fallacieux qu'elle a dû subir l'influence des pouvoirs laïques, ils émettent une assertion démentie immédiatement par l'histoire.

Ce qui est vrai, ce qui est incontestable, c'est que l'Église, dont l'ambition a toujours été de gouverner le monde, a su se montrer, tour à tour, impitoyable et conciliante, suivant qu'elle était plus ou moins prépondérante.

Ceci dit, nous devons reconnaître, à sa décharge, qu'elle avait devant elle l'exemple du naufrage des prescriptions draconiennes du Mosaïsme.

Moïse, en effet, ou, pour être plus dans le vrai, l'auteur des cinq livres qu'on lui attribue, s'était élevé avec une grande vigueur contre la prostitution qui minait son peuple.

Pour lui enlever son caractère religieux, et

la priver des lois sacrées dont les ombrages protégeaient ses dérèglements, il s'écria :

« Vous n'offrirez point dans la maison du Seigneur, votre Dieu, le prix de la prostitution, ni le prix du chien (1) quelque vœu que vous ayez fait, parce que l'une et l'autre chose est une abomination devant le Seigneur votre Dieu. » (*Deutér*. C. XXIII, 18).

« Vous ne planterez ni de grands bois, ni aucun arbre auprès du Seigneur, votre Dieu. » (*Deutér*. C. XVI, 21).

Après avoir proscrit la prostitution dans les temples et dans les bois qui les entouraient, Moïse voulut la poursuivre jusque dans l'intérieur des familles :

« Vous ne prostituerez pas votre fille, dit-il aux pères et aux mères, afin que la terre ne soit pas souillée et remplie de crimes. »

Et pour rendre ses défenses, plus générales, pour empêcher les maîtres de prostituer leurs esclaves et les maris de prostituer leurs fem-

1. Le *prix du chien* s'entendait du prix de la prostitution à laquelle s'abandonnaient les jeunes Lévites et certains attachés du Temple, au profit des prêtres et de l'Église. Cette prostitution n'était autre que de la Sodomie.

mes, il déclara que : « Il n'y aura point de prostituée d'entre les filles d'Israël, ni de fornicateur (1), ni d'abominable d'entre les enfants d'Israël. »

Et pour sanctionner ces défenses, il priva des droits civils et politiques les enfants issus d'une prostituée :

« Celui qui est bâtard, c'est-à-dire né d'une prostituée, n'entrera point dans l'assemblée du Seigneur jusqu'à la dixième génération. » (*Deutér.*, C. XXIII, 2).

Les avis sur la peine infligée aux prostituées de cette époque, sont assez partagés : elles devaient être lapidées d'après Philon; pour le moins fortement flagellées, d'après Carpentier.

Mais, les lois de Moïse, comme toutes celles qui furent édictées plus tard par les chefs d'État, devinrent rapidement impuissantes; et le flot de la prostitution ne tarda pas à reconquérir

1. Le mot de *fornicateur* ne répond pas exactement à l'Hébreu : *Kodès*, qui semblerait indiquer plus particulièrement le commerce infâme des victimes d'une impudicité monstrueuse que l'Écriture appelle des *efféminés* (*Cynedum*, ou *Scortum masculum, puer pothicus*) c'est du moins le sens de la version *Samaritaine*.

tout le terrain que lui avaient fait perdre les ordonnances du *Deutéronome*.

C'est là un point qui découle très nettement du tableau suivant dû à la plume de l'auteur des *Proverbes* :

« Comme j'étais à la fenêtre de ma maison, dit cet auteur, et que je regardais par les treillis, j'aperçus de jeunes fous, et, parmi eux, un jeune homme dépourvu de sens. Il passait au coin de la rue habitée par une certaine femme, et marchait vers son logis. C'était à la fin du jour, alors que la nuit allait devenir obscure et noire.

« Aussitôt, je vis venir au-devant de lui cette femme parée comme une courtisane. Elle était de celles qui ne songent qu'à capter les âmes, menant grand bruit, et dont les pieds ne tiennent jamais à la maison (1), mais qui tendent des embûches au dehors sur les places ou au détour des rues. Elle s'arrêta, le baisa avec un visage effronté et lui dit : Aujourd'hui j'ai acquitté mes vœux ; j'ai chez moi des sacrifices

1. Les Arabes disent de ces femmes qu'elles ont des fourmis aux talons.

de prospérité — c'est-à-dire un festin préparé au logis —. C'est pourquoi, je suis sortie à ton intention, je t'ai cherché et t'ai rencontré ; j'ai garni mon lit d'une étoffe très fine brodée d'un fil de matsarien; je l'ai parfumé de myrrhe, d'aloës, de cinnamome. Viens, enivrons-nous de plaisir et d'amour jusqu'au matin. Mon mari est parti pour un long voyage; il a pris un sac d'argent pour ne revenir qu'à la pleine lune.

« Elle le prit ainsi au filet par de longs discours, et l'entraîna par les caresses de ses lèvres. Il la suivit comme le bœuf qu'on mène à l'abattoir, comme un agneau qui va à la mort en bondissant, comme une victime qui ne comprend pas qu'on va la lier au poteau, jusqu'à ce que la flèche lui ait transpercé le cœur, ou comme l'oiseau qui se précipite pour aller tomber dans le filet caché où il périt.

« Maintenant donc, mes enfants, soyez attentifs à mes enseignements. Que votre esprit ne se laisse point entraîner dans les voies de cette femme, et ne vous égarez point dans ses sentiers. Car elle en a fait tomber un grand nombre cruellement blessés, et ceux qu'elle a tués étaient des hommes forts. Sa maison est le chemin de l'enfer qui descend jusque dans les profondeurs de la mort (1). »

Ce tableau, du grand roi Salomon, du chef au sérail si peuplé, ne pourrait-il pas s'appliquer actuellement, en remplaçant l'aloës, la myrrhe et le cinnamome par un parfum à la mode, aux agissements de nos horizontales ? N'opèrent-elles pas de nos jours comme opérait la femme décrite par Salomon ?

Mais, ce n'est pas tout, car, un peu plus loin, au chapitre IX des mêmes *Proverbes*, l'auteur revient encore sur le même sujet, et décrit à nouveau le même genre de femme :

« Insensée et querelleuse, pleine d'attraits, et ne sachant rien du tout, assise à la porte de sa maison en un lieu élevé de la ville, pour appeler les passants qui vont droit leur chemin et pour leur dire : Que celui qui est simple se retire ici; et elle dit à celui qui manque d'intelligence : Les eaux dérobées sont douces et le pain pris en cachette est agréable. Et l'homme ne considère pas que c'est là que sont les morts,

1. *Proverbes*, chap. VII.

et que ceux qu'elle a invités sont au fond du sépulcre.»

Comme Salomon, les prophètes postérieurs à Moïse et les auteurs des livres *Sapientiaux* s'élèvent souvent dans leurs écrits, en termes plus ou moins énergiques, contre ces dérèglements de la chair, toujours combattus et toujours debout, comme devait l'être dans les siècles des siècles le symbole métallique du matérialisme et des jouissances terrestres : *Le Veau d'or*.

Ce serait peut-être le moment de parler de ce fameux *Cantique des Cantiques,* poème d'amour humain, disent les uns ; poème symbolique et prophétique d'amour divin, disent les autres, et dont les Juifs défendent la lecture avant l'âge de trente ans. Mais c'est là un sujet trop important et trop long pour que nous puissions le traiter ici. Nous y reviendrons dans le chapitre final.

Tels sont les précédents mosaïque et judaïque sur lesquels, l'Église, appuyant sa doctrine relative à la prostitution, en décréta la tolérance, tout en condamnant son principe.

Et en cela le catholicisme se montra en communion directe avec les religions indiennes et le Bouddhisme.

Il est vrai que ces religions ne considèrent pas la prostitution au même point de vue que le Catholicisme.

Plus humaines que le Catholicisme, les religions de l'Inde, comme le Mahométisme, portent sur toutes ces questions une circonspection et une douceur dans les conseils concernant le coït, que l'on chercherait en vain dans la théologie catholique, dont les recommandations sont des ordres; les conseils, des articles de loi et de foi que le profane ne peut discuter.

Il faut bien avoir le courage de le dire, puisque c'est là l'expression stricte de la vérité historique, saint Paul et saint Augustin, en glorifiant la chasteté et l'abstinence, au détriment de l'acte divin de la procréation, ont rendu la prostitution presque inévitable.

Ajoutons qu'ils lui ont donné ses lettres patentes en décrétant le premier coït de nos pères de péché originel.

Nous ne reviendrons pas ici sur ce que nous avons déjà dit dans le chapitre précédent, mais nous rappellerons que si les maisons de prostitution ont toujours choisi pour leur emplacement l'ombre projetée par les hautes murailles des cathédrales et des églises, elles ne l'ont fait, peut-être inconsciemment, que guidées par un sentiment de fidélité à la loi naturelle et divine que la Bible a résumé dans ce commandement d'ordre divin :

« *Croissez et multipliez* »

commandement si en contradiction non seulement avec les opinions de saint Paul et de saint Augustin, mais avec celles de saint Pierre, de saint Jean, de saint Ambroise, qui avait placé l'église de Milan sous le patronage de sainte Thècle, la première des vierges martyres.

Saint Pierre, dans sa première Epître, chapitre I, v. 13, 16; et chapitres II, XI, XII, ne s'exprime-t-il pas ainsi en parlant des désirs charnels et de la tempérance : « C'est pourquoi, dit-il, ceignez les reins de votre âme et vivez dans la tempérance, évitant comme des enfants obéissants, de redevenir semblables à ce que vous étiez autrefois, lorsque, dans votre ignorance, vous vous abandonniez à vos passions. Mais soyez saints en toute la conduite de votre vie, selon qu'il est écrit : Soyez saints, parce que je suis saint... Je vous exhorte, mes bien-aimés, de vous abstenir, comme étrangers et voyageurs que vous êtes, des désirs charnels qui combattent contre l'âme... »

« Mes petits enfants, s'écriera saint Jean, dans sa première Epître, n'aimez ni le monde, ni rien de ce qui est dans le monde : L'amour du Père n'est pas en lui, car, tout ce qui est dans le monde est ou concupiscence de la chair ou concupiscence des yeux, ou orgueil de la vie. Or, le monde passe, et avec lui la concupiscence du monde ; mais, celui qui fait la volonté de Dieu, demeure éternellement. »

Nous ne reviendrons pas sur les passages de saint Paul et de saint Augustin que nous avons déjà cités, mais nous résumerons toute la morale pratique de saint Paul, par les lignes qui suivent : Il faut combattre en nous l'homme de chair et de péché, l'ancien Adam, pour faire triompher l'homme nouveau selon l'esprit et la grâce de Dieu ; il faut nous adonner aux œuvres de l'esprit et rejeter les œuvres de la chair qui sont « la fornication, l'impureté, l'impudicité, la luxure, l'idolâtrie, les empoisonnements, les inimitiés, les discussions, les jalousies, les animosités, les querelles, les divisions, les hérésies, les envies, les ivrogneries, les débauches et autres choses semblables dont je vous déclare, comme je vous l'ai déjà dit, que ceux qui les commettent ne seront point héritiers du royaume de Dieu. »

« Les fruits de l'esprit, au contraire, sont la charité, la joie, la paix, la patience, l'humanité, la bonté, la longanimité, la douceur, la foi, la modestie, la continence, la chasteté,... ceux qui sont à Jésus-Christ ont crucifié leur chair avec ces passions et ces désirs déréglés (1). »

Comment, après de tels conseils, de telles recommandations, ne pas reconnaître l'influence désastreuse de ces illustres fondateurs d'un christianisme, qui devait, de siècle en siècle, s'écarter si complètement des doctrines prêchées par le Nazaréen Jésus, si proche parent, par l'esprit, du célèbre prophète arabe : Mohammed ?

1. Ép. Ad. galat., v. 16, 26.

Si, des saints Pierre, Paul, Jean, Augustin, Thomas, etc., nous passons à des auteurs plus modernes, nous trouvons les mêmes considérations sur la prostitution. Voici, en effet, comment s'exprime Mgr J.-B. Bouvier, évêque du Mans, dans ses *Diaconales* ou *Manuel des confesseurs* : « La prostitution peut être envisagée sous deux points de vue : ou c'est un métier, ou c'est un acte. Comme métier, c'est la condition d'une femme se livrant au premier venu et généralement pour de l'argent. Comme acte c'est le coït d'un homme avec une telle femme ou d'une telle femme avec l'homme qui le lui demande.

« Toute femme qui fait métier de prostitution, commet, cela est évident, un péché beaucoup plus grave que ne le serait une simple fornication ; elle est également beaucoup plus coupable que la concubine à cause de sa pernicieuse disposition d'esprit et du scandale ainsi que du préjudice qu'elle cause à la propagation de l'espèce humaine. Aussi les prostituées ont-elles toujours été et seront-elles toujours pour le genre humain une honte et un fléau. Il ne suffit donc pas qu'une prostituée avoue en confession le nombre de ses fornications, elle devra spécialement déclarer qu'elle est prostituée !

« Toutefois Sylvius, Billuart, Deus et quelques autres théologiens, enseignent, comme très probable, qu'un homme lorsqu'il a forniqué avec une femme prostituée, n'est pas tenu de déclarer cette circonstance, car, tout bien considéré, une telle fornication n'a rien, en soi, qui la rende plus grave.

« Mais peut-être n'est-il pas inutile de citer ici les dispositions du code pénal contre les corrupteurs :

« Quiconque aura attenté aux mœurs, en excitant, favorisant ou facilitant habituellement la débauche ou la corruption de la jeunesse de l'un ou de l'autre sexe au-dessous de l'âge de vingt et un ans, sera puni d'un emprisonnement ou de six mois à deux ans et d'une amende de cinquante francs à cinq cents francs.

« Si la corruption ou la prostitution a été excitée, favorisée ou facilitée par leurs pères, mères, tuteurs ou autres personnes chargées de leur surveillance, la peine sera de deux ans à cinq ans d'emprisonnement et de trois cents francs à mille francs d'amende (Code pénal, art. 334). »

« En outre le tuteur sera privé de la tutelle pour un temps déterminé, et du droit de faire partie des conseils de famille ; s'il s'agit du père ou de la mère, ils seront privés des droits énumérés dans le livre I, titre 9 du Code civil (C. p. 335).

« On demande : — Convient-il de tolérer les femmes de mauvaise vie ?

R. Les théologiens expriment à ce sujet une double opinion.

« Le plus grand nombre affirme que la chose est permise, disent-ils, pour éviter des péchés plus grands : ceux de sodomie, par exemple, ou de bestialité, la masturbation et la séduction des femmes honnêtes. Faites disparaître les courtisanes, vous mettrez le trouble partout, par la débauche, dit saint Augustin (1) (*De l'ordre*, I, II, chap. IV, n° 12, t. I, p. 335). — Saint Thomas (2) pense également de même et de nom-

1. Saint Augustin, v. page 120

2. Il s'agit de Thomas d'Aquin, célèbre théologien, né dans le royaume de Naples en 1227, mort en 1274. Disciple d'Albert le Grand, il a laissé un ouvrage célèbre : *La Somme de Théologie*.

breux théologiens partagent aussi cette opinion.

« Beaucoup d'autres, il est vrai, soutiennent l'opinion contraire et affirment en attestant l'expérience, que tolérer les femmes de mauvaise vie, c'est exposer les jeunes gens à la ruine, aviver en eux le feu des passions et qu'alors, les péchés de luxure croissent plus encore qu'ils ne diminuent. Consultez d'ailleurs sur cette matière Concina (1) (T. 15, page 238), et saint Liguori (livre 3, n° 234).

« Bien que cette dernière opinion nous semble la plus probable, nous n'en devons pas moins absoudre les édiles qui, dans leurs villes respectives, affirment de bonne foi, n'être pas assez puissants pour conjurer ce fléau. Les confesseurs donc devront apprécier la conduite qu'auront pu tenir dans ces circonstances si délicates, les juges, les représentants d'une ville, les chefs d'armée, les rois, les ministres, etc. »

Le P. Debreyne, célèbre trappiste, auteur

1. Concina (1686-1756) théologien italien, membre de l'ordre des Dominicains, il attaqua vivement dans ses écrits les casuistes relâchés, ce qui lui a valu d'être durement traité par les Jésuites. Son ouvrage le plus connu est intitulé *Théologie chrétienne dogmatico-morale*.

du fameux traité *Mœchialogie*, ou *Cours de luxure*, partage entièrement l'opinion de l'auteur moderne que nous venons de citer.

Après avoir mentionné également les opinions de saint Thomas, de saint Augustin (1), saint Liguori, il s'en réfère au théologien Sarnelli qui est d'avis lui, « qu'on peut, à la rigueur, tolérer la prostitution dans une grande ville, mais que dans toute autre petite ville, on ne doit la souffrir sous aucun prétexte. »

Revenant sur ce que nous avons dit de la tolérance que les mœurs imposèrent de tous temps à nos rois et au pouvoir laïque, Debreyne ajoute en note de son traité le passage suivant : « Saint Louis, lui-même, forcé par la nécessité, finit par tolérer les prostituées et leur fit assigner un quartier spécial dans Paris. C'est donc en quelque sorte un mal nécessaire qui, au

1. Saint Augustin, né à Agoste, près d'Hippone, en 351, mort en 430 ; entraîné par l'ardeur de ses passions il eut une jeunesse des plus désordonnées ; ce n'est qu'à l'âge de 32 ans, qu'il se fit baptiser, se séparant de la secte des Manichéens dont jusqu'alors il avait suivi les croyances. En 395, il fut évêque d'Hippone, la Bône moderne, et mourut âgé de 77 ans, pendant que cette ville était assiégée par les Vandales. L'œuvre de saint Augustin est considérable. On connaît surtout ses *Confessions* et la *Cité de Dieu*.

point de vue de la morale publique, c'est-à-dire *politique et administrative*, peut être toléré, mais que l'on condamne et que l'on réprouve au point de vue chrétien et théologique, parce que, quels que puissent être les caractères et les exigences sociales, la prostitution ne cesse jamais d'être un mal véritable et essentiel, et qu'à ce titre, nous devons condamner au moins en principe. »

Telle est donc la manière de voir de l'Église en tout ce qui touche à la prostitution : Bien moins sévère que l'Islamisme, qui, lui, condamne absolument, sans rémission, tout ce qui touche de près ou de loin à la prostitution, ce qui explique sa non existence dans les pays musulmans où notre civilisation ne s'est pas encore imposée, l'Église catholique, faisant une large part au feu, a, en fait, sanctionné l'existence des temples consacrés à la Vénus mercenaire. Elle a même fait mieux, car, partout où elle a dominé sans entrave, elle a donné naissance à une prostitution éhontée, dont la pratique mystique s'est toujours confondue avec le rituel de ses chapelles et de ses cérémonies religieuses.

Si la France n'a pas subi cette domestication prostitutive que l'on rencontre en Italie et en Espagne, c'est qu'elle a toujours eu à sa tête des rois et des gouvernements soucieux de leurs prérogatives et, malgré le bigotisme de quelques-uns de ses rois, toujours en lutte avec l'influence cléricale de Rome.

De cette lutte, est résulté pour la France un clergé de beaucoup supérieur en instruction et en moralité aux clergés italien et espagnol, dont on voit les principaux membres vivre le plus souvent en concubinage avec leurs riches et jolies pénitentes.

Nous avons raconté dans notre premier volume : *Les Perversités de la femme* (1), une scène typique *d'engueulage* de la Madone par la patronne d'un lupanar Messinois, venant de perdre la forte somme à la loterie qui venait de se tirer.

Les lecteurs qui concluraient de la lecture de cet épisode qu'il ne faut y voir que l'état d'âme particulier aux Siciliennes et aux Siciliens, se

1. *Les Perversités de la femme. La femme dans le passé et le présent.*

tromperaient étrangement. Il en est de même partout, dans l'Italie méridionale et du Nord; et en cela, disons-nous, dans le même ouvrage : « L'Italie n'a pas le monopole de ce mélange de fétichisme, de bigotisme et de pratiques ithyphalliques ; on le rencontre dans tous les pays où les Églises catholiques ont exercé leur influence pendant de longs siècles. ....Et cela s'explique : En détruisant le paganisme avec ses poétiques légendes, ses idoles, ses croyances, ses dogmes et ses rituels, le catholicisme, cédant à des nécessités de conquêtes, s'est progressivement altéré dans son initiale simplicité, dans sa primitive pureté. Il a subi, à son tour, l'influence des milieux, des préjugés, des croyances, des atavismes populaires ; et, de concessions en concessions, il en est arrivé à remplacer les vieilles idoles, les statues des dieux, des déesses, des empereurs et des reines, par une mytho logie plus moderne, dans laquelle il s'est efforcé de mettre ses saints et ses saintes, plus ou moins auréolés, à la place occupée jadis par les dieux de l'Olympe et les nombreuses déités dont les attributs correspondaient aux besoins et aux mœurs de leur temps. »

« La sainte Vierge a remplacé Vénus, comme le culte des saints a remplacé celui des idoles, à la grande joie des féticheurs et des fétichistes modernes, pour lesquels la grande idée religieuse d'un Dieu créateur et unique se perd dans la pluralité des croyances et des pratiques puériles qui sont à la véritable religion, au pur sentiment religieux, ce que les brouillards du crépuscule sont au lever du soleil, principe de vie et de fécondation universelle ! »

CHAPITRE V

L'abstinence, la continence et la virginité suivant l'Église.

Sommaire. — Retour sur les conséquences de la doctrine du péché originel. — La thèse de saint Augustin sur la supériorité de la continence et de la virginité sur l'état du mariage. — L'état de virginité défini par saint Thomas d'Aquin. — Du dogme au rituel. — La décision du Concile de Trente. — Résumé.

Nous avons dit, et nous croyons avoir suffisamment prouvé par les textes empruntés aux théologiens et aux Pères de l'Église, que la Doctrine du Péché Originel, en combattant l'instinct génital de la femme et de l'homme, en endiguant le coït dans des formules restrictives, à caractères mystiques, avait eu pour conséquence médiate le développement d'un état d'âme qui constitua le principe de la prostitution, officielle ou non.

Il ne faut pas que nos lecteurs soient surpris

par l'insistance que nous mettons à poser en relief un fait d'où découlent les grandes lignes du Catholicisme moderne, véritable œuvre paulinienne. Enlevez, en effet, la doctrine du Péché Originel, et toutes les bases de l'Église s'écroulent comme s'écroulent ces châteaux de cartes dont on retire un élément.

Il est de fait qu'en prêchant l'*abstinence*, la *continence* et la *virginité*, comme des états supérieurs, seuls agréables à la Divinité, saint Pierre, saint Paul, saint Jean, saint Augustin et saint Thomas d'Aquin imprimèrent aux esprits des premiers siècles du christianisme une forte tendance au détachement de toutes les choses de la terre, et firent du coït un acte, certainement naturel, mais, en somme, bien inférieur à l'état de pureté qui avait fait la gloire et le bonheur du primitif Adam.

Ces grands apôtres eurent le tort de prendre leur personnalité pour le spécimen général de l'espèce humaine. Ils ne virent pas qu'en combattant le grand commandement biblique, qui devait assurer le peuplement de la terre et la soumettre par degré à l'influence de l'homme, ils attaquaient la raison-d'être de l'humanité, et obligeaient le Verbe de la chair à ne se produire qu'à l'ombre obscure des institutions dont ils voulaient doter la société gréco-romaine de leur temps.

On se demande avec effroi ce que serait devenue l'espèce humaine, si elle n'était restée irréligieuse quand même au point de vue théologique pur?

Voyez-vous d'ici la Doctrine de l'abstinence et de la virginité dominant les premières sociétés chrétiennes?

Demandez-vous ce que serait l'humanité sans l'action si divine, si consolante et si belle, du coït engendreur de créatures faites à notre image?

N'était-ce donc pas assez des tremblements de terre, des inondations, des troubles volcaniques, des horreurs de la guerre et des épouvantes des épidémies et des famines, pour contrebalancer l'acte productif de l'accouplement sexuel ? Fallait-il ajouter à toutes ces causes de destruction, la doctrine mystique et surnaturelle du renoncement à l'accomplissement du commandement hédénique émané de Dieu même :

« Croissez et multipliez, et remplissez la terre et l'assujettissez ! »

Mais, passons.

Toute la doctrine de saint Augustin sur la virginité et la continence n'est, en somme, qu'un long commentaire de celle de saint Paul.

Comme saint Ambroise et toute la tradition chrétienne, notre illustre évêque pose en principe, que, *de droit divin, la continence est préférable au mariage et que la virginité est plus excellente que le lien conjugal.*

Dans le traité spécial qu'il a consacré à la *continence* et à la *virginité,* saint Augustin a soin de rappeler aux vierges qu'elles ne doivent pas mépriser par esprit d'orgueil celles qui n'ont pas été favorisées de ce don divin :

« Parce que la continence et la virginité sont préférables de droit divin au mariage, dit-il, ces vierges ne doivent pas croire qu'elles sont supérieures en mérite à celles qui servirent autrefois, par la génération des enfants, au dessein de Jésus-Christ qui devait naître d'elle. Mais dans le temps où nous vivons, ceux auxquels il a été dit : « Que ceux qui ne peuvent pas garder la continence se marient, » ceux-là, dis-je, ont plutôt besoin de consolation que d'exhortation. Pour ceux, au contraire, auxquels il est dit : « Que celui qui peut s'élever jusque-là le fasse, » ils ont besoin d'être exhortés pour ne pas être effrayés, comme ils ont besoin d'être effrayés pour qu'ils ne s'enorgueillissent pas. »

Plus loin, après avoir soutenu la thèse que la fécondité du mariage ne peut être comparée pour l'excellence à la pureté et à l'intégrité des vierges, il met dans la bouche des épouses mères cette objection tirée de l'exemple de la Vierge Marie : « Deux choses, disent-elles, ont honoré le corps de Marie, la virginité et la fécondité, car, tout en restant vierge, elle a enfanté. Comme ni vous, ni nous, n'avons pu avoir ce bonheur, nous l'avons partagé ; vous, vous êtes vierges, et nous, nous sommes mères. Que la virginité, que vous avez conservée, vous console de n'avoir pas d'enfants ; pour nous, nous trouvons dans ceux que nous avons une compensation de la perte de notre virginité. »

Saint Augustin, après avoir posé cette objection la réfute en soutenant que la fécondité des femmes, même en vue d'avoir des enfants pour en faire des serviteurs de Jésus-Christ, ne peut compenser la perte de leur virginité : « S'il en était ainsi, dit-il, si la fécondité d'une femme qui donnerait le jour à des enfants pour en faire des chrétiens, pouvait compenser en elle la perte de la virginité, ne pourrait-on pas considérer comme une œuvre bien plus fructueuse encore, celle d'une femme qui consentirait à cette perte, moyennant un grand prix, afin d'acheter, pour les consacrer à Jésus-Christ, beaucoup plus d'enfants que le sein d'une femme, quelque féconde qu'elle fût, n'en pourrait mettre au monde? »

Continuant l'établissement de sa thèse en faveur de *l'abstinence* et de *la virginité,* saint Augustin déclare qu'on ne peut comparer le mariage à la virginité, en disant que c'est à ce sacrement que les vierges doivent leur naissance, puisque c'est à la nature seule que cette naissance incombe : « Dieu, dit-il, a voulu que de l'union des deux sexes, soit légitime et honnête, soit illicite et honteuse, aucune femme ne pût naître autrement que vierge, mais non vierge sacrée ; ainsi une vierge peut être le fruit de la débauche, sans que pour cela une vierge sacrée soit celui d'un légitime mariage. »

D'autres pères de l'Église, que celle-ci devait placer plus tard parmi les hérétiques, ont encore poussé plus loin la théorie de l'excellence de la virginité sur le mariage, qu'ils considéraient aussi condamnable que l'adultère.

Saint Thomas, qui s'est toujours inspiré de saint Augustin, définit la virginité *une continence par laquelle l'intégrité de la chair est vouée, consacrée et conservée à Celui qui a créé l'âme et la chair*, c'est-à-dire, en d'autres termes, que la *virginité résiderait dans la volonté perpétuelle de s'abstenir de toute action conduisant au coït !*

« Il y a, d'après saint Thomas, dit le P. Debreyne, trois choses à considérer dans la virginité (1) :

1° L'intégrité de la chair, qui disparaît par la violation du sceau virginal. Cette intégrité, ne dépendant que du corps, est, par conséquent, purement accidentelle ; elle peut se perdre accidentellement et involontairement, sans qu'il y ait plus de préjudice pour l'âme que dans la perte du pied ou de la main.

1. Mœchialogia. — *Morale matrimoniale*, p. 161 et suivantes.

2° L'intégrité virginale proprement dite, à laquelle le corps et l'âme participent, celle que saint Augustin définit l'exemption de tout concubitus ou union charnelle, par une pieuse continence, et saint Thomas : l'exemption de toute émission de semence pouvant causer une délectation charnelle. La délectation provenant de cette cause peut, selon le même saint, arriver de deux façons : 1° Par le fait d'un acte volontaire avec ou sans concubitus, et alors elle enlève la virginité ; 2° sans le concours de la volonté, soit par une pollution nocturne, soit par une violence à laquelle la volonté ne consent pas, bien que le corps la subisse, ou encore par une faiblesse de complexion, comme il arrive dans le cas de ceux qui souffrent d'une perte séminale.

« Dans ces trois cas, il n'y a pas perte de la virginité, la pollution ne provenant pas de l'impudicité.

3° Une circonstance qui est uniquement du domaine de l'âme : la résolution de s'abstenir toujours de toute délectation charnelle.

« Les deux premières espèces de virginité peuvent se perdre involontairement : Il n'y a donc que la troisième qui dépende véritablement de nous, et constitue la vraie virginité qui peut se définir : une vertu spéciale de continence, par laquelle quelqu'un se conserve pur et veut se conserver toujours pur de toute délectation vénérienne. »

Saint Thomas, examine ensuite les diverses questions soulevées au sujet de la virginité par les erreurs des diverses hérésies :

« La virginité est-elle mauvaise en soi et illicite ? C'est ce qu'ont prétendu plusieurs hérétiques et ce que prétendent encore certains moralistes rationalistes. Ceux-ci s'appuient tour à tour sur le précepte général de la loi naturelle : « Croissez et multipliez » ; sur la doctrine d'Aristote : « Que tout ce qui s'éloigne du milieu de la vertu est un vice » ; sur la pratique et la législation des anciens et surtout des Romains qui punissaient le célibat ou des Grecs qui considéraient la continence comme un péché, d'après ce que dit saint Augustin de Platon.

« On peut répondre à l'objection tirée des lois romaines contre le célibat que ces lois avaient uniquement pour but de diminuer les désordres introduits dans l'Empire par des mœurs infâmes en atteignant ceux qui ne se soustrayaient au mariage que pour se livrer plus librement à des débauches monstrueuses. Quant à l'exemple de Platon, saint Thomas, avec saint Augustin, soutient que ce philosophe ne renonça pas à son dessein de garder la virginité parce qu'il considérait la virginité comme un crime, mais uniquement par condescendance pour l'opinion erronée de ses concitoyens.

« L'objection tirée de la loi naturelle qui ordonne à l'homme de multiplier son espèce par la génération au même titre qu'elle nous ordonne de nous nourrir pour la conservation de l'individu n'a pas plus de valeur; saint Thomas y répond, en distinguant les préceptes de la loi naturelle qui s'adressent à l'individu et obligent tous les hommes sans exception sous peine de péché, de ceux qui ne s'adressent qu'à la masse et que personne n'est tenu à remplir en particulier, ce que l'un fait suppléant à ce que ne fait point l'autre. Ainsi, le précepte de la génération regarde la totalité du genre humain et non chaque individu en particulier. C'est un devoir pour le genre humain de se conserver et de se multiplier ; mais c'est aussi un devoir de se conserver et de se multiplier spirituellement ; c'est pourquoi il est non seulement licite, mais encore utile lorsque le plus grand nombre se livre à la génération, que quelques-uns s'abstenant des actes charnels, se vouent à la contemplation des choses divines pour le salut du genre humain. Il en est de même dans une armée, où pendant que les uns combattent les autres gardent le camp, ou portent les étendards ; et dans le monde, où les uns travaillent pour l'entretien du corps, et les autres pour le développement de l'esprit.

Ainsi, non seulement la virginité n'est pas mauvaise en soi, mais elle peut être considérée comme un bien et une perfection morale, comme une vertu. Saint Thomas développe ce point dans la question suivante :

« La virginité est-elle une vertu spéciale ?

« La virginité, comme on l'a vu, consiste dans l'intégrité de la chair ou dans l'exemption des délectations charnelles. Qui pourrait nier qu'il y ait là une matière spéciale de bien ou de vertu ayant son excellence particulière, distincte de celle de la continence qui n'a pour objet que de se préserver de l'excès dans l'usage de ces plaisirs?

« Certains hérétiques s'appuyant de ce passage du prophète Amos : « La Vierge d'Israël est tombée et il n'est personne qui puisse la relever », et de cette conclusion qu'en tirait saint Jérôme : « Que Dieu qui peut tout ne saurait réparer la perte de la virginité », prétendaient que la virginité n'est pas une vertu puisqu'elle ne peut nous être rendue par la pénitence. Saint Thomas répond en distinguant dans la virginité l'élément matériel de l'élément formel ou moral : « La pénitence peut réparer ce qu'il y a de formel dans la virginité, mais non ce qui en fait la matière ; c'est ainsi qu'un homme qui a dissipé ses richesses, ne saurait les recouvrer par le repentir. L'intégrité de la chair peut quelquefois être réparée par un miracle ; mais ce qu'un miracle ne saurait faire, c'est que celui qui a éprouvé les voluptés de la chair ne les ait pas éprouvées. Dieu ne peut pas faire que ce qui est accompli ne soit pas accompli. La virginité, en tant que vertu, ne peut être perdue que par le péché. »

La virginité est-elle plus excellente que le

mariage? Ici, encore, saint Thomas s'inspire de saint Augustin (*De virginitate*, 19) et démontre avec lui que l'erreur de Jovinien ne peut se soutenir devant l'exemple de Notre-Seigneur qui, pour s'incarner, choisit une mère vierge et conserva lui-même sa virginité. Il rappelle les paroles si formelles de saint Paul conseillant la virginité comme un état supérieur à celui du mariage.

« Si l'on consulte la raison, ne nous dit-elle pas que les biens divins sont supérieurs aux biens humains, le bien de l'âme à celui du corps, la vie contemplative à la vie active? Par conséquent, l'état de virginité qui permet à l'âme de s'occuper des choses de Dieu sans en être détournée par les plaisirs ou les soucis de la chair et du monde, est préférable à l'état du mariage dont saint Paul a si énergiquement décrit les embarras et les inconvénients ; saint Augustin va jusqu'à dire que : « La fécondité de la chair, même quand on ne se propose d'autre but que de donner des enfants à Jésus-Christ, ne saurait compenser la perte de la virginité. »

« La virginité est-elle la plus grande des vertus?

« La virginité, répond saint Thomas, quoi qu'elle soit le genre de chasteté le plus parfait, n'est pas la plus grande des vertus.

Ceux qui prétendaient le contraire, s'appuyaient surtout sur le passage de l'apocalypse (chap. XIV) où il est dit, que les vierges suivent l'agneau partout où il va, et qu'elles chantent un cantique nouveau que personne autre ne peut chanter.

« Selon saint Thomas et saint Augustin, il faut entendre ce passage que les vierges suivent l'agneau partout où il va en ce sens, qu'elles ont imité Notre-Seigneur non seulement dans l'intégrité de l'esprit, mais encore dans celle de la chair, et que ce cantique qui leur est réservé, n'est que l'expression de la joie qu'elles en ressentent. L'excellence de la virginité n'est qu'une excellence relative en son genre, c'est-à-dire qu'elle est l'espèce de chasteté la plus parfaite ; mais, à la prendre d'une manière absolue, elle n'est pas la plus excellente des vertus : les vertus théologales et même la vertu de religion l'emportent sur elle ; le martyr a aussi plus de mérite. La supériorité attribuée par les Pères de l'Église à la virginité, ne peut s'entendre que de sa supériorité relative, en comparaison de la viduité ou de l'état conjugal.

« C'est ainsi que saint Augustin attribue le centième fruit aux martyrs, le soixantième aux vierges, et le trentième aux personnes mariées.

« Tel est, sur la virginité, l'enseignement de saint Thomas, appuyé à la fois sur l'Écriture Sainte, la tradition de l'Église et la raison ; tous les théologiens l'ont accepté, et nous en trouverions l'écho dans toutes les chaires catholiques depuis Bossuet jusqu'à nos jours. Naguère, dans une suite de conférences sur le mariage, un auditeur de Rote, depuis évêque d'Annecy, Mgr Isoard, s'exprimait ainsi :

« Il est selon la vérité que l'Église, en face de ces trois états, le mariage, la virginité, le célibat, place la virginité à une hauteur incomparable, et donne au célibat une grande supériorité sur le mariage (1). »

« Il est vrai encore qu'elle ne voit qu'avec

1. Le Concile de Trente (24e session, canon 10) s'exprime ainsi : « Si quelqu'un dit que l'état de mariage doit être préféré à celui de virginité ou de célibat, et que ce n'est pas quelque chose de meilleur et de plus heureux de demeurer dans la virginité ou dans le célibat que de s'engager dans le mariage, qu'il soit anathème ! »

tristesse se célébrer les secondes noces. Elle ne les condamne point, elle les admet, mais, n'a plus en les célébrant, les accents de joie et d'espérance qu'elle avait su trouver pour les premières. La bénédiction solennelle qui se donne aux nouveaux époux n'est pas donnée à la veuve. Tous les saints Pères, tous les écrivains sacrés, ont exalté cette prééminence de la virginité sur le mariage.

Écoutez un mot de saint Jean Chrysostôme, et vous aurez une idée de ce qu'ont dit et répété et développé comme à l'infini tous les autres Pères.

« La virginité est un état saint. Elle est supérieure à l'état de mariage, et, pour exprimer cette supériorité, je dis qu'elle est plus au-dessus du mariage que le ciel est au-dessus de la terre: qu'elle l'emporte sur le mariage, dans la mesure où les anges l'emportent sur les hommes, et s'il se peut trouver quelque terme de comparaison et de supériorité, plus marqué encore que ceux-là, je l'accepte. »

La note que nous avons donnée sur la décision du Concile de Trente, complète dans sa netteté ce que nous avions à dire sur la supériorité que l'Église a toujours accordée à la doctrine de l'abstinence, de la continence et de la virginité.

Telles sont les grandes lignes dogmatiques que l'Église a professées et professe encore sur tout ce qui touche aux relations sexuelles, soit en état de mariage, soit en état naturel.

Mais ces deux états comportent des détails, des nuances, des à *peu-près*, que les théologiens ont traités souvent avec une science médicale des plus remarquables dans tout ce qu'elles ont de pratique et d'érotique.

L'étude de tous ces détails, véritable cinématographe des vices, des passions humaines, formera la seconde partie de ce traité dogmatique et rituélique de : *l'Église et l'Amour*.

Après avoir vu le dogme, appuyé si fortement sur la doctrine du Péché Originel, examinons le rituel.

L'ÉGLISE ET L'AMOUR

LIVRE DEUXIÈME

Les pratiques de l'Église dans l'acte de la procréation et dans tout ce qui touche ou dérive du coït.

CHAPITRE PREMIER

Du coït considéré en tant que péché mortel et véniel et de tout ce qui touche à la luxure.

SOMMAIRE. — Le baptême comme confirmation de la doctrine du péché originel. — La confession et le sixième commandement du décalogue. — De la luxure en général. — La polygamie des Patriarches. — Opinions de Mgr J.-B. Bouvier, évêque du Mans; du Père Debreyne, de saint Paul, de saint Thomas, de saint Isidore et de Bossuet. — Les attractions érotiques du coït sont des péchés mortels. — L'homme et la femme devant les délectations du coït. — L'Église en opposition avec les lois naturelles. — La luxure consommée et non consommée. — Des péchés de luxure contre nature. — De la pollution en général. — De la pollution indirectement voulue. — De la pollution nocturne, etc.

Nous avons vu dans la première partie de ce traité, quelles avaient été les conséquences déplorables de l'interprétation donnée par les premiers Pères de l'Église à l'acte qui avait amené l'expulsion d'Adam et d'Ève du Paradis terrestre.

En considérant cet acte comme le *péché originel* dont toute l'humanité devait garder l'empreinte; en donnant au baptême, qui fait d'un enfant un chrétien, la vertu de pallier et même d'effacer cette tache originelle, l'Église a une fois de plus confirmé la doctrine des Apôtres, de saint Augustin et de saint Thomas.

Sous l'influence de cette doctrine, la femme fut considérée comme une cause permanente de troubles et de péchés. De là, naquirent les sévères jugements que nous avons donnés dans notre chapitre premier de la première partie de cet ouvrage.

Quand l'Église eut fait de la confession l'arme redoutable de sa domination sur les âmes soumises à sa foi, elle n'oublia pas l'importance qui devait résulter de toutes les questions relatives au *sixième précepte du décalogue*, et les traita avec un luxe de détails dont la nudité a souvent quelque chose de particulièrement choquant.

Elle divisa tout ce qui a trait au coït en chapitres, en articles et en paragraphes, de façon à pouvoir faire entrer dans son vaste cadre toutes les turpitudes et les folies ithyphalliques.

Sous le nom de *péchés opposés à la chasteté*, elle commença par établir une première base qu'elle dénomma : *De la luxure en général.*

C'est sur ce terrain rituélique des confesseurs que nous allons la suivre, en continuant à n'être que le simple écho des théologiens et des canonistes de l'Église romaine.

Par le mot de luxure, l'Église entend *tous les péchés qui, opposés à la chasteté, s'appliquent aux désirs et aux plaisirs de la chair.*

Elle englobe donc dans ce simple mot de *luxure*, le coït naturel, tout ce qui en découle et tout ce qui peut y conduire.

Quand elle cite, pour appuyer sa doctrine générale, les versets 14 et 17 du chapitre 20 de l'*Exode*, elle oublie qu'il ne s'agit dans ces deux versets que d'adultère (1). Elle oublie encore

1. Voici ces versets avec ceux qui leur sont antérieurs et postérieurs : *Exode*, chap. XX, v. 13 : *Tu ne tueras point.* 14 : *Tu ne commettras point adultère.* 15 : *Tu ne déroberas point.* 16 : *Tu ne diras point de faux témoignage contre ton prochain.* 17 : *Tu ne convoiteras pas la maison de ton prochain ; tu ne convoiteras point la femme de ton prochain, ni son ser-*

qu'ils ne touchent en rien au coït même, pratiqué, comme le faisaient les Patriarches, avec plusieurs femmes, ou avec une seule femme, ainsi qu'elle devait l'exiger en instituant le sacrement du mariage.

Toujours guidée en secret par sa doctrine de la supériorité de l'abstinence et de la virginité sur le mariage, c'est-à-dire toujours en contradiction avec les principes bibliques, faisant du coït l'exécution d'un commandement divin, l'Église n'hésite pas à englober dans ses péchés opposés à la chasteté le coït matrimonial quand il est pratiqué sous l'impulsion seule du plaisir, ou à l'aide de certaines mignardises.

Dans ces conditions, le coït devient tout simplement de la luxure, c'est-à-dire un péché mortel.

C'est ce dont témoigne l'auteur de *Mœchialogia* quand il affirme que : « Le mariage éloigne l'homme, non de la vertu, mais de la perfection. »

C'est également ce qu'affirme Mgr J.-B. Bou-

viteur, ni sa servante, ni son bœuf, ni son âne, ni aucune chose qui soit à ton prochain.»

vier, évêque du Mans, dans ses *Diaconales* ou *Manuel des Confesseurs*.

« Sous le nom de *luxure*, dit-il, nous comprenons et réprouvons comme autant de péchés tous les actes opposés à la chasteté. »

Et dans le paragraphe suivant il définit ainsi ce qu'il faut entendre par le mot chasteté :

« La chasteté, qui tire son nom du mot châtier, parce qu'elle réprime toute concupiscence, est une vertu morale qui soumet au pouvoir de la raison tous les plaisirs vénériens. »

D'autre part, le Père Debreyne, que nous avons déjà cité, définit ainsi le mot luxure dans ses *Réflexions préliminaires sur le péché de luxure en général* :

« On entend par luxure, tout péché contraire à la chasteté. A la chasteté est opposée la luxure qui est un appétit ou un usage désordonné des plaisirs vénériens, ou tout simplement un appétit désordonné de la délectation vénérienne. »

« Tout péché de luxure ou de délectation charnelle est mortel de sa nature : il n'admet pas de légèreté de matière, du moins quand il est directement opposé à la chasteté et lorsqu'il est directement voulu en soi. La luxure, disons-nous, est, dans son espèce, comme nous l'enseignent tous les théologiens, un péché mortel. L'apôtre saint Paul, dans son épître aux Galates, met le péché de luxure au nombre de ceux qui excluent du royaume de Dieu. Tous les Pères de l'Eglise sont unanimes sur ce point.»

Plus sage, plus humain que le plus grand nombre de ses collègues en théologie, saint Thomas déclare que la luxure lui semble un péché moins grave que ceux qui attentent à la vie de l'homme et que la violence des passions de la chair, loin d'aggraver le péché en diminue la gravité, ainsi que le déclare saint Augustin quand il s'écrie: « Que de tous les combats du chrétien, les plus rudes sont ceux de la chasteté, où la lutte est continuelle et la victoire rare. »

Paraphons cette doctrine, que saint Isidore résumait en écrivant: « La luxure charnelle est l'arme la plus forte dont se serve le diable pour soumettre le genre humain. » Par ces lignes de Bossuet: « Il est un endroit, ô Seigneur ! où le diable se vante d'être invincible; il dit qu'on ne l'en peut chasser; c'est le moment de la conception, dans lequel il brave votre pouvoir. »

Ainsi donc, voici une doctrine faisant de la délectation de la chair, du désir si humain du coït par le plaisir que les participants y trouvent, un véritable péché mortel !

Mais, ô grands philosophes, qui êtes la gloire de l'Église romaine, croyez-vous que le commandement de Dieu serait un acte si universel, si l'homme et la femme devaient y trouver des ronces au lieu de fleurs ?

Pensez-vous que, si l'homme devait coïter tout simplement comme il mange, comme il urine, ou comme il accomplit n'importe quel acte physiologique, dans le simple but d'obéir au commandement biblique en participant à la création d'enfants ; pensez-vous que, s'il ne trouvait dans cet acte aucune des sensations voluptueuses, aucune des ivresses érotiques, aucune de ces délectations dont vous lui faites un crime, un péché opposé à la chasteté, pensez-vous que la femme serait pour lui d'un attrait aussi irrésistible ? Et pensez-vous également, que la femme, déjà si singulièrement calmée par l'appréhension des douleurs, trop souvent mortelles, de l'enfantement, rechercherait, à son tour, les caresses de l'homme, si, de son côté elle ne songeait y trouver les plaisirs, les jouissances auxquels tout son être aspire ? c'est-à-dire si, inconsciemment, elle ne courait pas, plus ou moins joyeusement, à l'accomplissement d'un péché mortel ?

Vous m'objecterez peut-être que c'est ainsi que devraient agir et les chrétiennes et les chrétiens soumis aveuglément à votre enseignement, si souvent en opposition avec les lois naturelles de la fécondation universelle par le plaisir et les satisfactions sensuelles qu'y trouvent tous les êtres de la création, en commençant par les bipèdes, pour finir, en passant par les quadrupèdes, par ces adorables éphémères, qu'un rayon de soleil fait éclore à l'époque, mille fois bénie, de l'éclosion des boutons de roses et des fleurs aux suaves parfums, dont les corolles et les pétales forment la couche nuptiale des papillons et des insectes aux ailes dorées. Mais, votre objection, plus spécieuse que solide, pèche par sa base, car, en prescrivant le coït, en en faisant une loi universelle de reproduction, le Créateur, pour en assurer le fonctionnement, plaça à sa porte le désir et l'ardente volonté d'en savourer toutes les ivresses, toutes les jouissances et toutes les émotives sensations. Or, ce désir, plus ou moins rapide, plus ou moins profond, répond toujours à la nature du tempérament et de l'idiosyncrasie de l'individu qui le subit. De cette loi physiologique, découlent, quoi qu'en disent certains casuistes, les différentes formes, les postures diverses et les mignardises préliminaires de la connexion des êtres.

Toutes choses, qui, suivant l'Église, constituent le péché mortel de la luxure.

Mais la Théologie ne s'est pas arrêtée à cette grande ligne du péché de la luxure opposée à la chasteté, ou, plutôt, de la luxure opposée à l'état hédenique et séraphique de la virginité. Elle a établi dans ce péché mortel de luxure deux grandes divisions :

La luxure consommée et la luxure non consommée.

Par la luxure consommée, elle entend et comprend deux péchés :

1° Celui qui, allant contre la nature, consiste dans l'effusion du sperme en dehors de tout coït propre à la génération ;

2° Celui qui, sans aller contre la nature, c'est-à-dire tout en tendant à la procréation, viole le pot-au-feu du coït matrimonial pour l'agrémenter de douceurs diverses.

De ces deux états résultent les *péchés de luxure contre nature et les péchés de luxure non opposés à la nature.*

Voyons donc ce qu'il faut entendre par ces deux natures de péchés :

DES PÉCHÉS DE LUXURE CONTRE NATURE

Les théologiens et les canonistes en comptent trois espèces.

Ces espèces sont :

La pollution, considérée en tant que volontaire, nocturne et diurne ;

La sodomie, ou accouplement de deux personnes du même sexe ;

La bestialité, ou accouplement de l'homme avec un animal.

On comprend que la sévérité de l'Église se soit donné beau jeu dans ces trois aberrations de l'esprit humain ; mais ce que l'on conçoit moins, c'est que certains Pères de l'Église aient voulu en amoindrir, en étouffer la culpabilité.

DE LA POLLUTION EN GÉNÉRAL

L'Église définit la pollution, l'effusion du sperme en dehors de tout coït.

Cette effusion n'est considérée comme un péché que quand elle est volontaire, c'est-à-dire directement voulue à l'aide de la masturbation.

Se basant sur l'action d'Onan, qui répandait son sperme à terre, et sur ce que dit de cette action la Genèse, les théologiens, d'accord avec le pape Innocent XI, condamnent la masturbation comme étant un péché mortel.

Mais, tout en prononçant cette condamnation, ils ajoutent qu'il n'y a véritablement péché mortel que si l'acte de la masturbation est pleinement consommé (1).

Le Père Debreyne dit à ce sujet : « Il est une espèce de souillure manuelle qu'on pourrait

1. Le célèbre Caramuel avait soutenu la proposition suivante : « Le Droit naturel ne défend pas la masturbation ; donc si Dieu ne l'avait pas interdite, elle serait bonne et quelquefois obligatoire. » C'est cette proposition que condamne Innocent XI.

appeler incomplète, nerveuse, sèche, en tout point semblable, pour la forme extérieure, à la masturbation proprement dite, mais avec cette différence qu'elle ne va pas jusqu'à la consommation de l'acte. Cet état d'éréthisme ou d'agitation plus ou moins violente, exécuté par la passion, est déjà un grand désordre et une faute très grave, quoique moindre que le crime d'un onanisme consommé où la passion est pleinement satisfaite..... Il est bon de faire observer que cette espèce de masturbation nerveuse et incomplète, exerce une très funeste influence sur tout l'organisme et, par conséquent, sur la santé en général, comme le prouve la masturbation chez les impubères ou les enfants encore incapables de sécrétion séminale. »

Ces lignes du Père Debreyne nous rappellent la pratique recommandée par le fameux physiologiste, Brown-Séquard, qui, en prescrivant son sérum testiculaire, recommandait, dans certains cas d'impuissance occasionnés par l'âge ou par l'abstinence trop prolongée, la masturbation sèche que le Père Debreyne vient de nous exposer.

En recommandant cette pratique, notre physiologiste songeait certainement à des effets de gymnastique musculaire n'ayant que très peu de rapport avec la masturbation consommée, mais pouvant, à la longue, produire de graves désordres cérébro-spinaux.

Saint Thomas, comme les savants de son temps, croyait que le sperme, se formant dans les reins, était susceptible d'une altération analogue à celle de l'urine. Cette opinion n'a été véritablement démontrée fausse, que lorsque les travaux du Père Debreyne, savant médecin et trappiste, eut proclamé l'erreur physiologique des théologiens qui l'avaient précédé.

De cette erreur naquit la doctrine de :

La pollution indirectement voulue dans sa cause.

Les théologiens, en général, reconnaissent qu'une pollution qui n'est pas voulue ou provoquée volontairement ne peut être qualifiée de péché mortel.

Ils ajoutent même, d'après le sentiment de saint Thomas et de la généralité des théologiens, que, « celui qui, pour sa propre utilité ou celle d'autrui, fait une action avec la prévision qu'il s'en suivra une pollution sans qu'il y ait toutefois danger prochain de consentement ne commet aucun péché. »

Et ils citent comme exemple le cas d'une pollution provoquée par l'ivresse.

« En résumé, disent-ils, quand la cause posée est licite en soi et en même temps nécessaire ou utile, la pollution qui la suit est exempte de péché. »

« De tout ce qui précède, écrit le Père Debreyne, il résulte que la pollution n'est que péché véniel lorsqu'elle est la suite d'une conversation nocturne avec une jeune fille, d'attouchements, d'embrassements, qui ne sont que véniels en matière de luxure, ou bien de l'acte lui-même imparfaitement accompli et commencé par légèreté, par manière de jeu, de curiosité, et pour tout autre motif excluant l'idée de luxure, alors même qu'il serait certain qu'une pollution s'en suivra. Toutes ces fautes étant vénielles en soi et comme cause de la pollution sur laquelle elles n'influent que d'une manière légère et éloignée, ne rendent, par conséquent, celle-ci que péché véniel en supposant toujours l'absence du consentement, etc... »

« On doit raisonner de même à plus forte raison sur les causes vénielles dans toute autre matière qui n'influent que d'une manière éloignée sur la pollution, telles seraient les fautes vénielles commises par quelques excès dans le boire ou le manger. »

Si nos lecteurs se souviennent de ce que nous avons dit précédemment sur les prohibitions de l'Église en tout ce qui touche aux mignardises préparatrices du coït, ils conviendront, avec nous, qu'il y a dans ce qui précède des oppositions dont l'anomalie est plus que singulière !

Si, en effet, le dernier paragraphe du Père Debreyne, ne comporte aucun péché dans cette forme de pollution réelle, mais non voulue, comment concilier avec cette singulière indulgence, l'extrême sévérité que l'Église a formulée pour tous les préliminaires du simple coït ?

Mais les contradictions ne coûtent rien à l'Église, et elle sait en jouer comme personne quand il s'agit de ses intérêts (1).

Donc, il n'y a de faute, de péché mortel, que lorsque la pollution est voulue et qu'elle est la

1. Voir l'appendice C.

conséquence d'une masturbation poussée jusqu'à l'extrême limite.

Quand elle n'est pas voulue, quand la volonté absolue n'y a pas participé, elle cesse d'être un péché mortel ; elle devient un simple acte physiologique comparable aux autres.

Voyons, maintenant, ce que l'Église pense d'une autre forme de la pollution.

Nous voulons parler de :

La pollution nocturne ayant lieu pendant le sommeil, soit qu'elle se passe entièrement dans cet état, soit qu'elle s'achève au moment du réveil.

D'après saint Thomas et tous les théologiens, il y a trois causes de pollution nocturne : La première est *corporelle* ou *physique* ; la seconde est intérieure, ou *spirituelle intrinsèque* ; la troisième est encore *spirituelle,* mais *extrinsèque* ou extérieure.

« La pollution nocturne ou active a ou peut avoir lieu chez tous les hommes, depuis la puberté jusqu'à la vieillesse plus ou moins avancée. Comme son nom l'indique, elle survient la nuit, pendant le sommeil. Si le sommeil est imparfait, elle peut être demi-volontaire et par conséquent péché mortel ; si le sommeil est parfait, la pollution est tout à fait involontaire et conséquemment exempte de toute faute. Elle ne pourrait être *péché* que dans sa cause. »

En s'exprimant ainsi le Père Debreyne pose la question conformément au dogme de l'Église.

« La cause corporelle ou physique n'est autre chose, dit-il, qu'un excès de plénitude, une pléthore spermatique, qui détermine une déplétion exonérative par l'allègement des organes et le soulagement du corps. Cette exubérance séminale est diminuée ou réduite à une juste mesure par une foule de circonstances tant physiques que morales, qui sont autant d'occasions déterminantes de la pollution nocturne comme le décubitus dorsal, la mollesse et la chaleur du lit, l'exercice du cheval, un tempérament érotique ou ardent, une excessive sensibilité nerveuse et surtout de longues et anciennes habitudes depuis longtemps contractées et actuellement révoquées ou détruites sans retour. »

« *Les causes spirituelles intrinsèques* sont toutes celles qui précèdent le sommeil de plus ou moins près, qui par elles-mêmes portent naturellement au péché de luxure et dont plusieurs sont déjà de vraies fautes contre la chasteté ; comme les pensées volontaires d'impureté, la délectation morose, les mauvais désirs, les entretiens prolongés et trop libres avec les personnes de l'autre sexe, les lectures des livres obscènes, l'assistance aux spectacles et aux bals, etc., etc. »

« *La cause spirituelle extrinsèque* est, suivant saint Thomas, et tous les autres docteurs, l'influence de l'œuvre du démon, lequel, d'après ce sentiment universel et unanime, se jouant, comme ils le disent, de l'imagination de l'homme et remuant les esprits génitaux, excitent ainsi à la pollution. Ces dernières souillures, ajoute-t-on, provenant d'une cause, extrinsèque, comme on dit, à la volonté, *a causa volontate extrinseca*, ne peuvent être imputées à péché s'il n'y a point de consentement actuel. »

L'opinion du théologien Billuart est que : « La pollution nocturne est ou n'est pas péché, selon la condition de la cause dans laquelle elle a dû ou pu être prévue. Si la cause n'est pas coupable, la pollution ne sera pas non plus coupable : si la cause est véniellement coupable, elle sera vénielle: si la cause est mortelle, elle sera mortelle. »

Les théologiens ont aussi examiné quelle est la conduite qu'il faut tenir, « lorsqu'une pollution préparée, imminente ou commencée pendant le sommeil, on s'éveille avant que l'éjaculation se soit produite. »

Beaucoup soutiennent que nul n'est tenu de l'arrêter; d'autres, en plus petit nombre, défendent la thèse opposée.

Saint Liguori dit textuellement :

« Quand la pollution commence dans le sommeil et que l'émission a lieu dans le demi-sommeil, dans ce cas, si on éprouve quelque délectation, non pleinement voulue, on ne pèche que véniellement, comme le remarquent les Pères de l'Église. Mais quand l'émission commence dans le sommeil, et est consommée en pleine veille, dans ce cas on n'est pas tenu de l'empêcher; soit parce qu'il est très difficile d'arrêter l'écoulement du sperme une fois sorti des reins, comme disent généralement de nombreux théologiens, soit parce que personne n'est tenu d'empêcher l'éjaculation en s'exposant au danger d'une maladie provenant de la corruption du fluide. »

Le R. P. Sanchez, Mgr Bouvier et bien d'autres, pensent et disent comme saint Liguori.

Ainsi que nous l'avons déjà fait remarquer, cette opinion sur la corruption séminale ne repose sur aucun fondement sérieux : c'est une erreur manifeste, le résultat d'une fausse observation, car, ainsi que le dit si bien le Père Debreyne, « la portion du fluide séminal qui est parvenue jusque dans le canal de l'urèthre doit nécessairement être éliminée du corps, soit immédiatement, soit avec ou par l'excrétion urinaire et ne peut avoir le temps de subir aucune altération. »

D'autre part, la physiologie moderne prouve que les reins ne forment que l'urine; quant au sperme, il est préparé et fait dans les testicules.

Tels sont, *grosso modo*, les enseignements des Pères de l'Église, des théologiens, des canonistes et des confesseurs sur le coït, considéré en tant que péché véniel et mortel, et sur les péchés de luxure contre nature.

Nous allons suivre l'Église dans ses commentaires, ses jugements, ses arrêts et ses définitions en tout ce qui touche au grand acte de la réunion des sexes, avec ou sans procréation.

CHAPITRE II

L'Église dans les à-côtés de l'amour et dans les péchés contre nature.

Sommaire. — De la pollution diurne, passive et active. — Définition de la *distillation* par les théologiens. — Le sperme et la sécrétion de l'urèthre chez l'homme et chez la femme. — Des mouvements déréglés. — L'action du démon. — Opinions des principaux théologiens. — La pollution ou la masturbation considérée chez la femme. — L'œuvre du P. Debreyne sur ce sujet. — Les trois formes de la masturbation chez la femme. — Leurs fâcheux résultats pour la santé physique et morale. — Affection dartreuse ou prurit violent fixé à la vulve. — Procédés pour le combattre. — Histoire d'une reine dont le règne eût été probablement très heureux pour son pays, si elle n'avait été atteinte de cette affection.

Nous avons vu, dans le chapitre précédent, comment l'Église envisage le coït en tant que péché mortel et véniel, et comment, par ses subtils *distinguo*, elle arrive à pardonner certaines formes de la masturbation chez l'homme en les considérant comme des actes physiologiques, plus ou moins indépendants de la volonté. Nous allons voir maintenant ce qu'elle pense, ce qu'elle enseigne sur d'autres pratiques érotiques, cousines germaines du coït.

De la pollution diurne.

Le Dr Lallemand dit de cette pollution qu'elle dégrade l'homme, empoisonne ses plus beaux jours et exerce souvent de grands ravages dans la société.

Les théologiens disent que « la pollution diurne est celle qui a lieu pendant le jour, ou plus généralement et plus exactement dans l'état de veille. »

Ils la considèrent « comme active et passive.

« L'*active* est celle qui a lieu avec éréthisme et sensation ou par stimulation physique ou mentale, comme, par exemple, l'équitation, une imagination vivement frappée, l'action des sens fortement appliquée à certains objets qui ébranlent puissamment le moral de l'homme, etc. On peut rapporter à cette sorte de pollution celles qui ont été déterminées quelquefois par la fustigation ou les purgatifs drastiques. »

Saint Liguori et le P. Gravina font jouer au démon un rôle important dans ce genre de pollution : « *Il est probable*, disent-ils, *que le démon, avec la permission de Dieu, pousse, en quelque sorte, la main de l'homme, qui n'est pas alors fautif, à se toucher et à provoquer la pollution* (1). »

« La *passive*, dit le P. Debreyne, est celle qui survient ordinairement le jour au moment de la *défection*, ou même immédiatement après l'acte de la *miction* ; elle a lieu sans éréthisme ni sensation, et même souvent d'une manière inaperçue ou à l'insu des personnes ; elle peut aussi survenir avec les caractères de *passivité latente* pendant le sommeil, mais beaucoup plus rarement. » On dira peut-être : où est ici le danger moral, si la pollution est non seulement involontaire, mais encore inaperçue et insentie? et à quoi bon d'en parler ? A ces questions le P. Debreyne répond très judicieusement :

1. *Pratique des confesseurs*, chap. VII, p. 70.

« Cette sorte de pollution étant presque toujours la suite de grands excès antérieurs et de longues habitudes soit vénériennes, soit onaniques, peut donner la mesure de leur étendue et de leurs suites, sur lesquels il est bon peut-être de revenir quelquefois. En second lieu, il est utile et même essentiel peut-être, que le confesseur sache que ces sortes de pollutions changent notablement le caractère des personnes, y impriment un cachet de tristesse, de mélancolie et d'hypocondrie à tel point que les malades, car c'est une vraie et fâcheuse maladie, perdent non seulement la santé, par l'abolition totale des fonctions digestives et par le marasme, mais encore, poursuivis qu'ils sont par un immense et inexorable ennui ou dégoût de la vie, ils peuvent se livrer au désespoir et terminer leur triste vie par un affreux suicide. »

Ainsi qu'il est facile de le voir, le P. Debreyne a traité toutes ces questions autant en médecin qu'en théologien. C'est là ce qui donne une très grande valeur à sa *Mœchialogie*.

Notre auteur, qui s'est souvent inspiré du Dr Lallemand, des travaux de Sainte-Marie et de Wichmann, ajoute aux causes déjà indiquées par saint Thomas et les autres théologiens, la présence des ascarides dans le rectum — petits ascarides vermiculaires blancs ou rosés. — La constipation opiniâtre et persévérante, les hémorroïdes, les fissures à l'anus, la matière sébacée sous le prépuce, un prurigo, les dartres prurigineuses intenses fixées aux organes génitaux, etc.

Plus loin, notre auteur, après avoir indiqué comme suite à la pollution diurne les fièvres lentes et nerveuses, simulant celles des phtisies pulmonaires et tout aussi mortelles que ces dernières, fait remarquer avec raison qu'il existe des hypocondriaques qui prennent souvent pour des pertes séminales, des déperditions muqueuses ou des nuages floconneux suspendus dans le liquide urinaire : c'est là, ce que les théologiens appellent *distillation*.

Que signifie ce terme employé par les théologiens et les canonistes ?

« C'est, dit encore le P. Debreyne, une excrétion uréthrale qui paraît avoir quelque analogie avec la pollution diurne ; c'est une sorte d'écoulement purement muqueux, une espèce de *blennorrhée* connue par les anciens sous le nom impropre *de gonorrhœa benigna.* La matière de la distillation est fournie particulièrement par la prostate et les follicules muqueux de l'urèthre ; elle est tout à fait différente du vrai sperme et ne renferme aucun animalcule microscopique. Cette matière muqueuse, mêlée avec celle que sécrètent les vésicules, qui est très différente de la liqueur spermatique, est la matière que peuvent rendre les impubères et les eunuques (1), soit par l'onanisme, soit par la stimulation mentale, au moins pour ces derniers.

Quelle est l'opinion des théologiens sur ce phénomène de la distillation?

Elle est à peu près la même que celle qu'ils ont formulée sur la pollution diurne spermatique.

En effet, Liguori, Cajetan et Sanchez disent que « si cette distillation a lieu avec une notable agitation des esprits, elle constitue un péché mortel parce qu'elle est un commencement de pollution; mais il n'en est plus ainsi si la dis-

1. Par ce mot eunuque il faut entendre les eunuques de deuxième et troisième catégories dont parle le Khôdja dans *El Ktab.*

tillation s'opère en petite quantité, sans délectation et sans agitation : dans ce cas disent-ils on ne doit pas plus se soucier de ce flux que de l'émission de quelque autre sécrétion dont la nature a l'habitude de se soulager. »

Nous serions incomplet si nous ne terminions pas cette étude des pollutions, voulues ou non, en disant quelques mots sur ce que les théologiens ont appelé :

Les mouvements déréglés.

Les écrivains religieux définissent les mouvements déréglés en disant que : « Ce sont, dans les deux sexes, certaines sensations ou mouvements érotiques ou libidineux qui se font sentir dans les organes génitaux et qui disposent plus ou moins à la pollution. »

Si ces mouvements sont consentis par la volonté, dans le but d'en obtenir une délectation charnelle ou libidineuse, « ils doivent être condamnés parce qu'il y a péché mortel à y consentir et à s'y complaire volontairement. »

« Si ces mouvements déréglés ne sont point volontaires ni en soi ni en leur cause, comme cela arrive souvent, et qu'on n'y donne aucun consentement, ils sont exempts de tous péchés (1). »

Distinguo : Donc, ici, comme en tout ce qui touche à la masturbation, active ou passive, le *fait* est, en lui-même, très peu de chose : Il ne devient péché que s'il y a consentement de la personne qui opère ou sur laquelle on agit. On ? Qui ? mon Dieu ! qui vous voudrez : le démon, une jolie femme, un éphèbe, votre propre main, etc., etc. ; mais, par-dessus tout, les désirs de votre chair aiguillonnée par une volonté érotique.

Si maintenant vous nous demandiez ce qu'il convient de faire pour éviter ces *mouvements déréglés*, pouvant conduire aux folies, si dangereuses pour la santé physique et morale, de la masturbation, nous vous adresserons à Mgr Bouvier, qui vous répondra :

« Souvent il ne convient pas de s'opposer à ces mouvements par un effort positif, car alors l'imagination s'enflamme par cet effort même et par sympathie excite encore davantage les

(1) Voir *Mœchialogie* du P. Debreyne, page 437.

esprits génitaux ; il est donc plus sûr d'invoquer tranquillement Dieu, la bonne Vierge l'ange gardien, de prier son patron et les autres saints, de fuir les objets dangereux, de détourner tranquillement sa pensée des images obscènes, de la tourner ailleurs, et de s'appliquer sérieusement à d'autres occupations surtout extérieures. » (Dissertation sur le sixième précepte du Décalogue.)

Mais ici, comme en tout ce qui touche à *l'Église et l'Amour* les opinions sont très partagées : Alors que Sanchez, saint Liguori, Mgr Bouvier et beaucoup d'autres, sont d'avis que ces mouvements déréglés sont, tout au plus, des péchés véniels, lorsque le danger de pollution est éloigné, Valentia, Lessius, Vasquez, Concina, Billuart, Collet, Haber, le P. Antoine, Deus, etc., défendent la thèse opposée et « enseignent que l'indifférence jointe à une attention entière, aux mouvements désordonnés, même légers, constituent un péché mortel, tant à cause de leur propre désordre que du danger d'y consentir. »

Jusqu'ici c'est particulièrement en tout ce qui concerne l'homme, que nous avons interrogé l'Église et ses porte-voix sur les *péchés de luxure opposés à la chasteté* ; nous allons voir maintenant ce qu'elle pense, ce qu'elle dit, ce qu'elle enseigne sur :

La pollution ou la masturbation considérée dans le sexe féminin.

Les Pères de l'Église, les théologiens, les canonistes et les confesseurs, antérieurs à l'époque moderne, ont très peu parlé de la pollution chez la femme.

A quoi doit-on cet oubli ou ce parti pris de silence obstiné ?

Nous pensons qu'il faut attribuer ce silence au peu de considération que la femme rencontra chez les membres du clergé des premiers siècles du christianisme ; considérée comme un être de beaucoup inférieur à l'homme, puisqu'il s'en fallut de peu qu'on ne lui accordât pas une âme analogue à la sienne (1), elle fut traitée avec cette sorte de mépris que les Musulmans ont caractérisé en disant :

« La femme a la chevelure longue et l'intelligence courte. »

(1) Concile de Mâcon.

D'autre part, les connaissances théologiques et médicales sur la femme tenant une très petite place dans les conceptions scientifiques du passé, il n'est pas étonnant que tout ce qui se rattache à sa nature physiologique soit resté dans l'ombre des connaissances humaines.

Mais, quoi qu'il en soit de notre supposition, ce qui est certain, c'est qu'il nous faut arriver à l'ouvrage du P. Debreyne pour trouver un exposé fort bien fait, très étendu et très détaillé — ô combien ! — sur ce vice de la femme.

Ayons donc encore une fois recours à sa double science de médecin et de théologien :

« La théologie nous apprend, dit-il dans la section septième de son ouvrage, que, dans l'homme, l'onanisme ou la pollution volontaire est un mal intrinsèque, parce qu'il tend à détruire l'espèce et l'individu :

« L'espèce, parce que, outre que l'homme sera plus porté à s'éloigner du mariage, la masturbation indéfiniment continuée rendra le sperme improlifique ; l'individu, par la destruction totale de la santé, qui amène la mort.

« L'expérience journalière ne le prouve que

trop. Quoique chez la femme il n'existe pas de sperme proprement dit, comme dans l'homme, la masturbation dans le sexe féminin ne laisse pas d'être intrinsèquement ou essentiellement mauvaise, parce que, outre qu'elle inspire de l'aversion pour le mariage, elle tend à détruire l'individu et, par conséquent, l'espèce indirectement. Si l'on nous objecte que la matière de la pollution volontaire dans la femme n'est point prolifique, mais une simple excrétion muqueuse, nous répondrons que cette souillure est, par elle-même, et par son mode, essentiellement libidineuse et doublement débilitante, d'abord par la déperdition matérielle et plus encore par la pollution et l'ébranlement nerveux qu'elle détermine, comme nous le voyons manifestement chez les enfants ou les garçons impubères encore incapables de sécrétion séminale, et que la masturbation n'en conduit pas moins au marasme et quelquefois à la mort.

« C'est donc ici évidemment la stimulation ou la perturbation nerveuse seule qu'il faut accuser comme cause de tous ces désordres.

« Si, dans les jeunes sujets, il y a parfois quelque légère évacuation, elle est l'effet de la stimulation locale portée à l'excès, d'après ce principe physiologique : ubi stimilus ubi fluxus, (partout où est le stimulant partout est l'écoulement.)

« Il est bon de faire observer ici, pour prévenir une autre objection, que l'on n'a point à craindre l'habitude destructive et mortelle de toute autre excrétion soit sanguine, soit muqueuse, quel qu'en soit l'appareil organique, parce que celui-ci ne peut jamais devenir le foyer d'une sensibilité élective, érotique, et par conséquent énervante.

« Bien que la femme ne sécrète pas de véritable sperme, la masturbation est aussi funeste à ce sexe qu'à l'autre, pour les raisons ci-dessus exposées. Ce malheureux penchant, cette passion tyrannique, fait, dans la femme, presque autant de victimes que dans l'homme.

« Grâce à la mauvaise éducation physique et morale, et à la corruption des mœurs de nos malheureux temps, l'onanisme est devenu dans les deux sexes, d'une fréquence vraiment déplorable. « Il est constant, dit M. le Dr Deslandes, qu'un grand nombre de jeunes filles, et presque tous les adolescents se masturbent ; aussi, n'y a-t-il pas de jeune sujet, qu'on ne doive considérer comme se livrant à l'onanisme ou comme exposé à s'y livrer prochainement. » (*De l'onanisme*).

« Un curé de campagne nous a assuré que sur douze jeunes filles qui devaient faire la première communion, il n'y en avait qu'une qui ne se fût pas livrée à de mauvaises habitudes.

« S'il en est ainsi dans les campagnes, a-t-on lieu de se rassurer beaucoup dans les villes, où la jeunesse est généralement plus sensible et plus précoce, c'est-à-dire plus portée au vice et à la corruption.

« La plupart des théologiens, des moralistes, des casuistes mentionnent à peine la masturbation chez la femme comme désordre possible. Une foule de traités *ex professo* sur le sixième commandement n'en disent pas un mot.

« Est-il étonnant de voir, après cela, tant de jeunes prêtres très ignorants sur cette matière ?

« Nous distinguons dans les femmes, trois espèces, ou plutôt trois formes de masturbation :

1° La masturbation du clitoris ;

2° La masturbation vaginale ;

3° La masturbation utérine et la masturbation mammaire. On verra plus bas les motifs et le fondement de cette distinction, qui au premier aspect, ne paraît pas avoir une grande pratique mais qui, puisqu'elle est dans le vrai, peut avoir tôt ou tard son application.

1° La première forme ou le clitorisme, comme on dit, est le mode ordinaire. Cette masturbation se fait surtout à l'aide du petit organe qui s'appelle le clitoris, et qui, selon les médecins, est le siège ou le principal organe de la jouissance vénérienne ou de la volupté charnelle. Il est situé à la partie supérieure et au milieu de la vulve, c'est-à-dire du *pudendum*. Ce petit organe, par suite d'un éréthisme fréquent et presque continuel, venant de l'écoulement ou d'une disposition native, peut croître en de telles proportions qu'il simule quelquefois le membre viril. C'est de cela qu'aux temps d'ignorance est née la fausse croyance aux hermaphrodites. C'est ainsi que les femmes perdues et de mœurs corrompues, s'efforcent d'usurper quelquefois ou plutôt d'imiter le rôle exclusivement réservé à l'homme.

« Jadis, les femmes romaines, au rapport de

Juvénal et de Martial, étaient fort adonnées à ce genre de corruption, et Tissot assure que ce désordre révoltant est fréquent de nos jours. L'on a vu souvent, ajoute-t-il, des femmes aimer des filles avec autant d'empressement que les hommes les plus passionnés, et concevoir même la jalousie la plus vive contre ceux qui paraissent avoir de l'affection pour elles. Plus haut, il avait déjà dit, en parlant de cette passion étrange chez les femmes, que le danger n'est pas moindre que dans les autres moyens de souillure, que les suites sont également affreuses, et que toutes ces routes diverses mènent aux langueurs, à l'épuisement, à la mort.

« D'après les observations de Parent Duchâtel, ce désordre sodomique est très fréquent chez les malheureuses filles, bien que chez elles, il ne s'observe rien d'anormal dans l'organisation de l'appareil génital, car le développement extraordinaire dont on vient de parler, paraît assez rare même dans cette classe de femmes. Cela ne les empêche pourtant pas de se livrer à ces criminels désordres, ou à ces abominables mariages.

« Ces infamies sont qualifiées *d'attentats aux*

mœurs par des prostituées réputées assez *pudiques* pour ne point s'y adonner : et le *bureau des mœurs*, espèce de tribunal correctionnel qui régit et surveille les maisons tolérées, punit très sévèrement cet attentat.

« Il ne faut pas oublier que cet *attentat aux mœurs* peut se commettre ailleurs aussi bien que dans les *maisons tolérées*.

« On a demandé si l'ablation du clitoris, faite dans le simple but de guérir la nymphomanie ou la passion effrénée de la masturbation, ne pourrait pas devenir une cause de stérilité, et, si, dans ce cas, cette opération pourrait être permise en bonne théologie. C'est, sans doute, là, une question toute nouvelle. Nous avons tout lieu de croire que cette opération, qui se pratique d'ailleurs très rarement, ne peut rendre la femme stérile parce que cette faible partie de l'appareil génital ne paraît nullement essentielle à l'acte de la fécondation. Le clitoris ne paraît être qu'un organe de volupté. Or la volupté n'est pas absolument nécessaire comme nous l'avons prouvé dans notre *Essai sur la théologie morale*. Il n'est propre qu'à déterminer ou à engager à l'acte et non à devenir instrument essentiel à l'acte de la génération, à moins toutefois, que l'on ne voulût supposer qu'il fût peut-être l'organe destiné à exciter sympathiquement l'action aspirante de la matrice ou à mettre en jeu le mouvement des trompes utérines. Mais ce serait là expliquer une hypothèse par une autre hypothèse. Au surplus je ne sache pas que cette opinion très improbable ait jamais été émise par aucun physiologiste. On peut d'abord lui opposer le fait de conception avec occlusion presque complète, où le coït, par conséquent, n'a pu s'accomplir normalement, et, alors, avec un peu de réflexion, on comprend assez la nullité d'influence du clitoris sur la fécondation.

« En attendant que des observations multipliées et bien constatées aient prouvé le contraire, nous demeurerons persuadés que l'ablation du clitoris ne doit pas causer la stérilité; et qu'elle est, par conséquent, une opération aussi licite que l'amputation d'une autre partie, comme d'un sein malade. Il serait inutile d'insister davantage sur un point presque purement spéculatif ; mais il fallait répondre à une question qui nous a été faite.

« On doit rattacher à la première forme de masturbation, celle qui d'ordinaire se fait, non par un attouchement manuel, mais par un mouvement volontaire quelconque du corps, soit par son extension complète ou seulement par celle des jambes, ou la compression des cuisses l'une sur l'autre, etc.

2° La seconde espèce, ou la masturbation vaginale, moins fréquente que la précédente, indique généralement une plus grande corruption de l'imagination, parce que ce genre de masturbation se fait par l'introduction ou des doigts ou de quelques instruments adaptés, que les suggestions diaboliques ne cessent de fournir à la passion libidineuse (autrement dit godemichés).

3° La troisième et dernière espèce ou l'utérine est beaucoup plus rare que les autres, mais très grave, très nuisible à la santé, surtout désordonnée et par conséquent la plus coupable et peccamineuse, en raison du degré de malice des circonstances plus ou moins aggravantes.

« Voici comment elle procède : un chatouillement ou irritation prolongée est produit au col de l'utérus, (c'est-à-dire à la partie inférieure de la matrice qui se trouve à l'extrémité supérieure du vagin). à l'aide des doigts ou de certains autres instruments.

« Nous ne doutons pas qu'une foule de maladies de l'appareil génital de la femme ne soient le résultat de la masturbation. Et vit-on jamais en plus grand nombre tous ces ulcères, ces squirrhes, ces carcinomes affreux du col de l'utérus qui, trop souvent, tuent les femmes, ou les rendent stériles.

« Et telle femme qui attribue le principe d'un mal horrible qui la dévore aux suites de l'hérédité, et sa stérilité à des causes qu'elle fait dériver d'une nature dure et ingrate, ne devrait s'en prendre qu'à sa funeste passion, qui l'a mise dans une position sans ressource et sans espérance.

« Nous avons vu, en parlant de l'onanisme dans le sexe masculin, que la contamination manuelle peut être incomplète, nerveuse, sèche et sans effusion.

« Ces prodromes ou cet éréthisme préparatoire s'observent dans le sexe féminin, c'est-à-dire que la souillure manuelle s'y fait assez souvent sans aucune évacuation ni externe, ni interne, parce que la manœuvre criminelle n'est pas portée jusqu'à la consommation de l'acte.

« Il n'y a donc pas ici de masturbation proprement dite, seulement il y a un mouvement congestionnel ou fluxionnaire.

« Cette congestion humorale est la matière, la cause, ou du moins, l'occasion des mouvements déréglés, charnels, érotiques qui accompagnent la souillure manuelle et qui produisent la délectation vénérienne.

« Il est bon de faire observer que cette espèce de masturbation sèche, nerveuse, incomplète, et sans excrétion humorale, ni externe, ni interne ne laisse pas d'exercer, par l'ébranlement nerveux qui l'accompagne, une fâcheuse influence sur tout l'organisme et par conséquent sur la santé générale. »

Dans son étude sur *la pollution diurne et nocturne dans le sexe féminin*, le même auteur s'exprime ainsi sur un cas maladif qui fait le désespoir de beaucoup de femmes, et joue un rôle considérable dans la perversité de femmes jusqu'alors foncièrement honnêtes, très peu portées vers le coït et encore moins vers les exagérations érotiques.

Voici cet état, cette affection plutôt, telle que la traite *ex-professo* le Père Debreyne :

« Il est une certaine infirmité à laquelle des femmes sont fort sujettes, et qui constitue pour elles un véritable tourment : c'est une espèce d'affection dartreuse ou plutôt un prurit violent qui se fixe à la vulve (pudendum) ; cette circonstance est quelquefois l'occasion de pollution parce que les personnes affligées de ce mal sont presque irrésistiblement forcées de se procurer des soulagements. Les confesseurs doivent traiter ces sortes de femmes avec beaucoup d'indulgence et avoir égard à leur infirmité.

« Pour s'assurer, avant tout, si cette excessive démangeaison est un état maladif ou un mouvement libidineux extraordinaire, il faut demander si elles n'ont pas éprouvé des pollutions contre leur intention, en cherchant à combattre la violence du prurit ; car, si le prurit est véritable, c'est-à-dire une disposition maladive, l'attouchement manuel pourra calmer l'intensité du mal sans le dissiper entièrement, tandis que, si le sentiment du prurit n'est qu'un orga. nisme vénérien, il cesse aussitôt que survient une pollution, et tous les mouvements déréglés se dissipent promptement.

« Un autre moyen de constater le prurit morbifique et de le distinguer des mouvements libidineux, c'est de faire usage d'une certaine lotion pharmaceutique qui manque rarement de soulager notablement ou de guérir en fort peu de jours. En voici la composition : sublimé 5 grammes que l'on fait dissoudre dans 50 grammes d'alcool ; mettre une cueillerée à café de cette solution dans un demi-litre d'eau chaude avec lequel on fera des lotions locales plusieurs fois par jour.

« Si ces lavages soulagent ou guérissent promptement, on est moralement sûr que le prurit est réel et morbifique. Si, au contraire, ils ne soulagent guère, et que, d'un autre côté, des pollutions antécédentes aient promptement dissipé la démangeaison, vous pouvez en conclure avec certitude que le prurit prétendu n'est que l'effet de l'organe libidineux ou vénérien, et que, par conséquent, la femme doit s'abstenir de tout attouchement manuel.

« Voilà sur ce point notre manière de voir en général. Voyons maintenant ce qu'en disent les théologiens. Les uns excusent la pollution surtout chez les femmes, lorsqu'elle est le résultat de frictions modérées, faites uniquement dans le but de dissiper un prurit presque intolérable, *secluso consensûs periculo,* parce que, disent-ils, la friction est ici un vrai remède, et, la souillure corporelle n'en est qu'une suite indirecte et non la conséquence nécessaire.

« D'autres soutiennent le contraire et prétendent que ce moyen de soulagement est la cause directe de la pollution ; mais il est clair qu'il n'en est que la cause indirecte, à moins que le prurit ne soit pas un prurit véritable, c'est-à-dire un principe morbide, dartreux ou autre, mais plutôt une forte démangeaison libidineuse ou un vif appétit vénérien. Alors l'attouchement est véritablement la cause directe de la souillure, comme cela arrive assez fréquemment. Voici l'opinion de Billuart : « Le seul fait de se gratter, tendant à provoquer directement ou indirectement la pollution et ses démangeaisons n'étant pas gravement dangereuses, je pense qu'il est préférable de les supprimer que de les faire disparaître en usant d'un tel moyen. Toutefois, si ces démangeaisons occasionnaient aux parties pudiques une véritable douleur, ou comme l'affirment quelques théologiens, provenant de la corruption du sperme, pouvaient donner une maladie sérieuse, je ne condamnerai pas celui qui, faute d'autres remèdes, apaiserait ces démangeaisons en se grattant à condition toutefois qu'il ne consentirait pas à la pollution ou ne s'y complairait pas. »

« Ce sentiment de Billuart nous paraît assez prudent et assez sage, sauf sa forme dubitative qui révèle peut-être son peu d'expérience, et sauf son *semen corruptum* (sperme corrompu) qui annonce évidemment un manque de science physiologique qu'on lui passe sans peine. En outre, il omet, aussi bien que les autres, de faire la distinction des deux prurits, comme nous l'avons indiqué à la page précédente.

« Il aurait pu ajouter encore que, très souvent, dans le courant physiologique de la vie, on se soulage machinalement, comme pour toute autre partie, sans le moindre danger ni la plus légère sensation, ou pensée érotique et charnelle; tandis qu'en se faisant une sorte de violence ou d'effort, pour résister au cri du besoin, on s'en préoccupe, on y pense, on trouble l'imagination et on rappelle peut-être la tentation et le danger. Pendant que nous traçons ces lignes, nous recevons une lettre d'un curé qui nous demande s'il doit refuser l'absolution à une femme d'une quarantaine d'années atteinte d'un violent prurit qui revient par accès, et qu'elle fait toujours cesser, *tactu manuali*, (en se masturbant), sans jamais en ressentir aucune sensation érotique ou libidineuse. Nous avons répondu négativement, parce que, dans l'espèce, s'il n'y a pas de sensation il n'y a pas de pollution. Enfin saint Liguori dit :

« Il est permis à celui qui éprouve une grande démangeaison dans les parties honteuses, de la faire cesser par l'attouchement, quand même il s'ensuivrait une pollution, et, citant une foule d'auteurs à l'appui de sa thèse, il continue :

« Peut-être direz-vous qu'il peut arriver que ce prurit provienne de l'ardeur même de la passion libidineuse, d'où il suivrait que l'apaisement du prurit par la friction serait une espèce de délectation vénérienne.

« On répond qu'il est plus raisonnable de

croire qu'un tel prurit, quand il est très désagréable, vient plutôt de l'âcreté du sang que de l'ardeur de la luxure.

« Au moins, dans le doute, reste la liberté de se débarrasser de cette incommodité par un attouchement licite en soi puisqu'on peut licitement faire cesser au moyen de l'attouchement une démangeaison corporelle.

« S'il arrive une pollution, elle arrive sans danger de consentement par accident et involontairement et par conséquent sans péché. Pour que l'on fût tenu de s'abstenir de cet attouchement, il faudrait avoir la certitude que le prurit est un effet de la luxure. Du reste le R. P. Lacroix avertit sagement ceux qui aiment la chasteté, de s'abstenir, autant du moins qu'il est moralement possible, de ces sortes d'attouchement » (liv. III, n° 483).

« Saint Liguori admet bien les deux sortes de prurits ; mais il ne dit pas à quels caractères on les reconnaît, ou par quelle marque ou indice on distingue le prurit dartreux du prurit libidineux.

« Il faut donc encore, au bout du compte, avoir

recours aux caractères différentiels que nous avons établis plus haut.

« Nous ne parlons pas de Mgr Gousset, le plus moderne des auteurs, dont le texte est renfermé dans celui de saint Liguori. Voici ses paroles : « Il est permis à celui qui éprouve une démangeaison très incommode dans les parties honteuses, de la faire cesser par l'attouchement quand même la pollution s'en suivrait. »

C'est par cette affirmation, qui permet à la rigueur les choses défendues en d'autres circonstances, que nous terminerions cette étude sur une des perversités beaucoup trop répandues de la jeune fille et de la femme, si nous n'avions, en confirmation des travaux si remarquables du P. Debreyne, à révéler un fait historique, où ce prurit dartreux joua un rôle des plus considérables ; causa la perte du trône à celle qui en était atteinte, et amena une révolution dont les principaux auteurs furent précisément les personnages qui durent à ce prurit de leur souveraine une situation militaire et politique pour laquelle leur intellectualité les avait si peu doués.

Mariée dès son jeune âge à un prince de sa

famille plus femme que mari, surexcitée par cet état maladif, que son jeune époux était incapable de soulager, elle ne tarda pas à succomber sous les embûches que lui tendirent les courtisans qui l'entouraient.

Une première chute en entraîna d'autres : toutes furent la conséquence de ce prurit dartreux et de ce mariage malheureux que les exigences politiques lui avaient imposé, alors que son cœur, son intelligence, ses goûts et ses sens, la poussaient dans les bras du cadet de la famille, celui-là aussi prince, aussi valeureux et viril que son aîné l'était peu, et qui devait perdre la vie dans un duel princier célèbre par son... étrangeté.

Douée de facultés remarquables, aimant son peuple, bonne, compatissante, elle eût certainement fait son bonheur, si la nature ne l'avait soumise à l'action déséquilibrante de ce prurit dartreux, que la médecine fut impuissante à combattre victorieusement.

Plus malheureuse, plus à plaindre que beaucoup d'autres femmes, n'ayant pas pour excuse cette horripilante affection, elle fut presque tout le temps la victime d'amants qui ne virent en elle que le moyen de s'élever à la fortune, aux honneurs et à une gloire relative.

Nul ne l'aima pour ses qualités, et, à part un poète et un compositeur italien, qui mourut à Milan, où on l'avait emprisonné pour les dettes de son fils, tous la payèrent par une large et cruelle ingratitude. Ceux qui l'avaient rendue mère, et dont elle avait fait de puissants personnages militaires, furent les premiers à susciter son renversement du trône au profit de la révolution dont ils occupèrent les premières places.

On comprendra que nous n'entrions pas dans d'autres détails sur l'existence de cette reine, que nous avons beaucoup connue et dont nous avons reçu plus d'une fois les navrantes confidences.

L'histoire dira plus tard qu'elle fut encore plus la victime de son affection et de l'incapacité des médecins qui la soignèrent, qu'elle ne fut victime des passions érotiques que ses adversaires lui décernèrent. Elle ajoutera qu'elle possédait toutes les qualités et l'intelligence qui font les grands rois et les grandes reines, mais que ses qualités furent en partie neutralisées par une maladie que ses courtisans, devenus ses adversaires politiques, ne se montrèrent que trop habiles à exploiter.

Et voilà comment les petites causes peuvent produire de grands effets, même et surtout en politique.

CHAPITRE III

De la sodomie et de la bestialité.

SOMMAIRE. — Opinion de saint Thomas. — Origine probable de la sodomie. — Aversion des sodomistes pour la femme. — Le récit biblique de Loth et de la destruction de Sodome et Gomorrhe. — Réflexion. — Le *Lévitique* et son anathème. — Le P. Debreyne et la sodomie. — Toujours les *distinguo*. — La bestialité : sa définition. — L'opinion des théologiens. — Les sorciers et la bestialité. — Opinion d'un jurisconsulte du XVIIe siècle. — L'action du démon. — Mgr J.-B. Bouvier, évêque du Mans. — Et alors ? — Résumé.

Qu'est-ce exactement que la sodomie ?

Saint Thomas définit cette déviation sexuelle en disant que « c'est l'accouplement du mâle avec le mâle, de la femelle avec la femelle, c'est-à-dire d'un homme avec un homme et d'une femme avec une femme. »

La sodomie est donc la pédérastie et le saphisme.

L'Église place ce dévergondage des sens dans la catégorie *des péchés de luxure contre nature.*

Quelle est l'origine de ce dérèglement de l'amour ?

Nous pensons qu'elle se perd dans la nuit des temps, mais qu'elle pourrait bien avoir pour berceau une autre perversion de l'amour. Nous voulons parler de la *bestialité,* qui est bien, elle, le lot des gardiens de bestiaux, des hommes vivant au milieu de leurs bêtes, loin, la plupart du temps, du contact de leurs semblables, et n'ayant pour satisfaire leur besoin que la masturbation ou la bestialité.

Il est probable, et l'étude impartiale des perversions physiologiques semble le démontrer péremptoirement, que les hommes ayant contracté ce vice, issu de leur existence presque isolée et de leur nature robuste et ardente, ont porté cette pratique au milieu de leurs semblables et ont ainsi donné naissance à cet acte contre nature.

L'aversion que les sodomistes actifs et passifs ont généralement pour la femme, témoigne encore en faveur de la cause originelle que nous venons d'indiquer.

L'Église déclare exécrable cet accouplement lorsqu'il est poussé jusqu'à sa conclusion finale entre des individus d'un même sexe ; mais elle atténue singulièrement sa condamnation en déclarant une « sodomie imparfaite » l'acte qui s'opère entre un sexe et un autre, c'est-à-dire entre un homme et une femme, pratiquant le coït « dans le vase qui n'est pas légitime », c'est-à-dire dans l'anus.

De tous temps la sodomie a été considérée comme un crime contre nature, digne de la punition la plus sévère. En condamnant énergiquement cette déviation sexuelle, les Pères de l'Église n'ont donc fait que suivre la voie tracée par le Mosaïsme et l'apôtre saint Paul. La Bible, qui nous parle si souvent de la sodomie comme d'un vice malheureusement trop répandu, même à l'époque des patriarches, nous raconte ainsi, dans l'histoire de Loth, comment ce vice fut la cause de la destruction de Sodome et de Gomorrhe :

« Or, sur le soir, deux anges vinrent à Sodome. Et Loth, qui était assis à la porte de Sodome, les ayant vus, se leva pour aller au devant d'eux, et il se prosterna le visage en terre.

« Et il leur dit : Voici, je vous prie, mes Seigneurs, retirez-vous maintenant dans la maison de votre serviteur, et logez-y cette nuit; lavez aussi vos pieds, et vous vous lèverez de bon matin et vous continuerez votre chemin. — Non, dirent-ils, mais nous passerons cette nuit dans la rue.

« Mais il les pressa tant qu'ils se retirèrent chez lui. Et quand ils furent entrés dans sa maison, il leur fit un festin et fit cuire des pains sans levain, et ils mangèrent.

« Mais avant qu'ils s'allassent coucher, les hommes de la ville, les hommes, dis-je, de Sodome, environnèrent la maison depuis le plus jeune jusqu'aux vieillards, tout le peuple, depuis un bout jusqu'à l'autre.

« Et appelant Loth, ils lui dirent : Où sont ces hommes qui sont venus chez toi ? fais-les sortir, afin que nous les connaissions.

« Alors Loth sortit de la maison, pour leur parler à la porte, et ayant fermé la porte après lui, il leur dit :

« Je vous prie, mes frères, ne leur faites point de mal.

« Voici, j'ai deux filles qui n'ont point encore

connu d'homme; je vous les amènerai, et vous les traiterez comme il vous plaira, pourvu que vous ne fassiez point de mal à ces hommes, parce qu'ils sont venus à l'ombre de mon toit.

« Et ils lui dirent: Retire-toi de là. Ils dirent encore: Cet homme seul est venu pour habiter ici comme étranger, et il nous jugera? Maintenant, nous te traiterons plus mal qu'eux. Et ils faisaient violence à Loth, et s'approchèrent pour rompre la porte.

« Mais ces hommes avançant leurs mains, firent rentrer Loth dans la maison et fermèrent la porte.

« Ils frappèrent ensuite d'éblouissement les hommes qui étaient à la porte de la maison, depuis le plus petit jusqu'au plus grand; de sorte qu'ils se lassèrent à chercher la porte.

« Alors ces hommes dirent à Loth:

« Qui as-tu encore ici qui t'appartienne; ou un gendre, ou des fils, ou des filles, ou quelque autre de tes proches dans la ville? Fais-les sortir de ce lieu!

« Car nous allons détruire cette ville, parce que le cri des péchés de ses habitants s'est élevé devant l'Eternel, et il nous a envoyés pour la détruire (1).

« Loth s'en fut donc avec sa femme et ses deux filles loin de la ville condamnée. »

Plus curieuse qu'obéissante, sa femme, s'étant retournée pour voir ce qui se passait, fut changée en une statue de sel.

Le soir, les filles de Loth le grisèrent de vin et couchèrent avec lui : l'aînée, le premier soir ; la plus jeune, le soir suivant. De ces deux coïts, entre père et filles, résultèrent deux fils qui furent les fondateurs des tribus Mohabites et Hammon.

Et pendant que ces faits se passaient à Gomorrhe et à Sodome, dont les habitants préféraient les jeunes gens aux jeunes filles, le patriarche Abraham continuait à *causer* avec Dieu, et faisant passer sa femme Sarah pour sa sœur, la livrait à Abimélec, roi de Guérar.

Et l'action de Loth coïtant avec ses filles, et celle d'Abraham reprenant sa femme des mains du roi, auquel il l'avait livrée pour en obtenir protection et cadeaux, constituent, biblique-

1. *Genèse*, chap. XIX.

ment, des faits approuvés et bénis par ce Dieu qui n'hésita pas à détruire deux grands pays, dont les habitants, hommes et femmes, jeunes et vieux, étaient sodomistes !

Le *Lévitique*, dans son chapitre XX, revient sur la sodomie et la bestialité et formule ainsi la condamnation des coupables :

« Quand un homme aura eu la compagnie — lisez coïté — d'un mâle, ils ont tous deux fait une chose abominable ; on les fera mourir ; leur sang est sur eux.

« L'homme qui se sera souillé avec une bête sera puni de mort. Vous tuerez aussi la bête.

« Et quand quelque femme se sera prostituée à quelque bête que ce soit, tu tueras cette femme avec cette bête ; on les fera mourir ; leur sang est sur eux. »

Saint Paul, ainsi que nous l'avons déjà vu, dénonce et flétrit ce vice dont l'étendue souillait le monde romain (1).

Avec les Pères de l'Église, emboîtant le pas à l'apôtre des Gentils, et le pape Pie V qui, dans sa bulle : *Horrendum illud scelus*, inflige de

1. *Épître aux Romains*, I, 24.

rigoureux châtiments aux clercs sodomistes; on trouve un prieur de l'abbaye de Saint-Médard, de Soissons, le trouvère ou poète Gauthier de Coincy, dont les vers s'expriment ainsi:

La grammaire *hic* à *hoc* accouple;
Mais nature maldit le couple.
La mort perpétuelle en genre,
Cil qui aime masculin genre
Plus que le féminin ne face,
Et Dieu de son livre l'efface.

Le Père Debreyne, après avoir cité l'opinion de saint Thomas, que nous avons indiqué plus haut, continue ainsi son article sur la sodomie :

« Donc l'accouplement de la femme avec l'homme dans le vase qui n'est pas légitime est une sodomie imparfaite, distincte de la sodomie parfaite, qui est l'accouplement du mâle avec le mâle, de la femelle avec la femelle. (Ainsi, ce que les débauchés appellent 69, est beaucoup moins coupable entre homme et femme qu'entre deux individus du même sexe).

« Il n'importe pas dans quel vase ou dans

quelle partie du corps mâles ou femelles s'accouplent entre eux, puisque la malice de la sodomie consiste dans la recherche d'un sexe illégitime et qu'elle est complète ou parfaite en son genre, quel que soit le vase ou la partie du corps d'un même sexe auquel s'applique le corps par voie d'accouplement ; mais s'il n'y avait que l'application de la main, du pied, etc., aux organes d'une autre personne, cela ne serait point réputé sodomie, parce que ce ne serait pas un véritable accouplement, ni physique, ni matériel, ni moral ou effectif.

« Pour la sodomie imparfaite, il suffit que le mâle et la femelle s'accouplent autrement qu'avec les instruments naturels ou les organes légitimes, avec interversion des parties (en faisant par derrière ce qu'on doit faire par devant), et dans la recherche d'une fin mauvaise de l'accouplement.

« Il faut déclarer en confession de quelle nature a été la sodomie, si elle a été accomplie avec une personne mariée, consacrée à Dieu ou consanguine ; parce que, alors, s'y ajoute la malice de l'adultère, du sacrilège ou de l'inceste.

« De nombreux théologiens déclarent qu'il

faut avouer en confession si l'on a été agent ou patient. Cependant, selon Billuart, Lot, et beaucoup d'autres, la circonstance d'avoir été agent ne change guère la nature du crime, et ne peut l'aggraver énormément. Cependant, il est plus sûr dans la pratique de suivre la première opinion et il n'est pas douteux que le crime est encore plus énorme lorsque l'un et l'autre auront été à leur tour agent et patient.

« Spore et Liguori et bien d'autres théologiens, affirment qu'il suffit qu'un confesseur devine qu'une femme ait été connue en dehors de son vase naturel pour qu'il ne lui demande aucun détail de circonstances et d'endroit, toutes choses qui ne chargent guère la nature du crime.

« D'après le même saint Liguori : « Il n'est pas nécessaire en confession d'expliquer si la pollution a eu lieu dans l'intérieur ou à l'extérieur du vase, il suffit de confesser : *J'ai péché avec un enfant,* pour que le confesseur juge qu'il y a eu sodomie avec pollution. On doit cependant expliquer s'il n'y a pas eu pollution. Il serait plus clair de dire : *J'ai couché avec un enfant,* en ajoutant la circonstance de pollution ou de non-pollution.

« Si l'effusion du sperme dans le vase était possible, il y aurait alors sodomie parfaite, consommée et complète, si elle a lieu hors du vase, elle n'est qu'imparfaite et non complète, selon quelques-uns.

« Quant à ce qui touche aux enfants, puisque nous en parlons, aujourd'hui, ce crime horrible exerce très souvent sa fureur sur eux, d'où on l'appelle généralement *pédérastie.* »

Tels sont les enseignements pratiques de l'Église sur tout ce qui concerne la sodomie.

Voyons maintenant ce qu'elle pense et dit de la :

Bestialité

Ainsi que nous l'avons indiqué la bestialité paraît être antérieure à la sodomie.

Le *Lévitique*, déjà cité, reconnait l'étendue de sa pratique chez les deux sexes, quand, après ce que nous en avons déjà extrait, il ajoute :

« L'homme qui aura été surpris coïtant avec une jument ou une chèvre sera puni de mort, la chèvre également sera mise à mort ; la femme qui se sera livrée à un cheval sera mise à mort avec le cheval : et leur sang retombera sur eux. »

« C'est là, dit le Père Debreyne, un péché plus grave que la sodomie, parce que dans la bestialité on n'a égard ni au vase légitime, ni au sexe, ni à l'espèce requise. »

Cet acte, si répandu anciennement chez les bergers(1), dont El Ktab *des lois secrètes de l'amour* parle assez longuement en indiquant la valeur thérapeutique que les Arabes y attachent (2), cet acte, est celui..... dont Joseph accusait ses frères quant il disait qu'ils s'accouplaient avec leurs brebis, et que saint Thomas définit : « L'accouplement avec un individu d'une autre espèce, ou avec une bête. »

La bestialité fut aussi le crime dont on accusa les sorciers et les sorcières pendant tout le moyen âge ; mais, sorciers ou non, ceux qui étaient accusés de cet acte, si antinaturel, étaient bel et bien condamnés au supplice du feu, gens

1. Et encore trop répandu en Sicile, en Calabre, en Algérie et dans certaines colonies

2. Voir El Ktab *des lois secrètes de l'amour*, nouvelle édition, in-18. Albin Michel, éditeur.

et bêtes, ainsi qu'en témoignent les lignes suivantes du fameux jurisconsulte Claude Lebrun (1), écrites pour justifier la condamnation qui atteignait à la fois l'homme et la bête : « Ces animaux ne sont pas punis pour leur faute, mais pour avoir été instruments d'un si exécrable malheur, pour raison de quoy la vie est ostée à la personne raisonnable : estant chose indigne du conspect des hommes, après une si signalée meschanceté, et parce que l'anima lirait toujours rafraîchissant la mémoire de l'acte, qu'il faut supprimer et abolir le plus qu'il est possible. »

Pour amoindrir ce crime, pour en expliquer surtout l'action sur certains membres du clergé, accusés de bestialité, les théologiens déclarèrent que le diable pouvait être l'auteur de ce commerce charnel, soit comme instigateur, soit comme agent passif, en prenant la forme d'un homme, d'une femme ou d'un animal (2) : « Ce péché, ajoutaient-ils, doit être mis au rang de la bestialité et revêt, par surcroît, une malice

1. Claude Lebrun écrivit dans le XVIIe siècle.

2. Voir les DIACONALES ou *Manuel des confesseurs*, par Mgr J.-B. Bouvier, évêque du Mans.

toute particulière, en soi, qu'il faut déclarer en confession : à savoir, un sacrilège consistant dans un pacte avec le démon. La malice même d'un pareil crime est double : 1° malice contre la chasteté ; 2° malice contre la religion. Il est donc évident que l'acte sodomique commis avec le démon ayant pris forme humaine est une troisième espèce de péché. »

Et l'auteur ajoute :

« Le démon se présente-t-il à vous sous forme d'une parente ou d'une femme mariée ? Le péché se complique d'un inceste ou d'un adultère ; se présente-t-il sous l'apparence d'un animal quelconque ? Le péché se complique du crime de bestialité. »

A ces assertions des théologiens sur l'action du démon, action que nous retrouverons dans *l'Église et le Mariage*, quand nous aurons à traiter de *l'impuissance*, nous nous contenterons pour le moment de cette simple objection :

Si le démon, auquel vous donnez bibliquement une puissance, une force supérieure à celle de Dieu, dont il reste le vainqueur dans la lutte hédénique du premier homme et de la première femme, si le démon, disons-nous, est, ou peut être la cause du crime de bestialité, où donc voyez-vous qu'il y ait crime pour l'homme? Comment l'homme peut-il être coupable, puisqu'il est inconscient de l'acte, puisqu'il est la victime du démon, c'est-à-dire qu'il ne possède plus son libre arbitre, sa volonté propre?

Mais, passons... et résumons-nous en redonnant la parole au Père Debreyne, le savant guide moderne des confesseurs.

« D'après beaucoup de théologiens, dit notre auteur, Bonacima, Billuart, il n'est pas nécessaire de déclarer, en confession, l'espèce ou la variété de bêtes, parce que cette circonstance ne change pas la nature du péché et ne l'aggrave pas beaucoup. La malice de ce péché vient de l'espèce désordonnée et illégitime :

« La raison, dit saint Liguori, en est que toute la malice de ce crime consiste dans le coït avec une autre espèce ; d'où il suit que la différence de sexe est tout à fait accidentelle et n'entraîne aucune différence dans le genre du péché.

« Les attouchements impudiques avec une bête, quoiqu'ils ne soient pas proprement des péchés de bestialité, ont, cependant, une certaine turpitude spéciale, comme dit le R. P. Elbel, au moins vénielle » (livre III, n° 474).

« Sur ce sujet, selon l'occasion, il faut interroger les paysans et surtout les bergers et gardeurs de troupeaux.

« Nous nous serions abstenus de mentionner ici ces sortes de conjonctions, les dernières surtout, si tous les théologiens n'avaient consacré une page dans leurs écrits à l'examen de cette singulière et étrange question. Un silence absolu de notre part sur ce sentiment et cet accord unanime dans un point où les théologiens se sont successivement copiés depuis de longs siècles, aurait pu jeter de l'hésitation et de l'embarras dans l'esprit des jeunes prêtres et peut-être leur faire prendre quelquefois des imaginations pour des vérités, ou des chimères pour des réalités. Car, enfin, de quoi n'est pas capable dans certains pénitents une imagination subjuguée par un désir érotique et lubrique ? . . .

. . . .

Voilà, en ce qui concerne la *Bestialité*, ce que nous avons trouvé de plus sage et de plus raisonnable dans les livres de théologie morale.

On peut juger par là des écrits des autres théologiens sur ce point.

Les faits prouvant que la bestialité n'était pas rare chez les anciens, sont des plus nombreux. Le marbre, le bronze et le pinceau les ont pour ainsi dire vulgarisés, comme en témoignerait au besoin le groupe en marbre de Paros, connu sous le nom : *Le Satyre et la Chèvre,* que tous les étrangers peuvent contempler au musée secret de Naples.

Ce groupe, trouvé dans les fouilles d'Herculanum, est des plus remarquables, sinon comme pureté d'exécution, du moins par l'expression lubrique qui donne une véritable vie à ce marbre de Paros.

C'est au sujet de cette perversion que Delille a dit, suivant Virgile :

On sait... les boucs jaloux près de la grotte obscure
Te lançaient de travers des regards de courroux,
Et les nymphes, dans l'ombre, en riaient comme nous.

De son côté Plutarque n'a-t-il pas écrit : «Là où en vous la nature, encore qu'elle ait la loy à son aide, ne peut contenir votre intempérance dedans les limites de la raison, ainsi comme si c'estoit un torrent qui l'emportoit à force, elle fait bien souvent, et en plusieurs lieux de grands oultrages, de grands désordres et grands scandales contre la nature, car il y a des hommes qui ont aimé des chèvres, des truies et des juments, etc. »

Que conclure de tout ce qui précède ?

C'est que les perversions de l'amour ont existé de tous temps;... et que les besoins suscités par la violence des sens, ont toujours été plus forts que toutes les mesures prises contre eux.

Et l'Eglise, en se montrant moins cruelle que le Mosaïsme et les lois édictées par le pouvoir civil moyenâgeux, a fait preuve d'une humanité dont on devrait lui savoir gré, si, à son tour, elle n'avait elle-même subi l'influence progressive des idées de tolérance que la science a semées à travers le monde. Cette dernière, en effet. classe le crime de bestialité parmi les perversions d'un esprit déséquilibré, malade, et n'étant plus maître de sa conscience.

En un mot, comme en cent, la bestialité est une folie ithyphallique, même alors qu'elle se présente sous la forme d'un besoin irrésistible, comme peuvent en éprouver les montagnards vivant au milieu de leurs troupeaux, loin du contact journalier des hommes et des femmes.

CHAPITRE IV

Les péchés de luxure suivant la nature et du coït simple ou ordinaire.

SOMMAIRE. — La définition des théologiens. — Retour sur le péché originel. — Ce qu'il faut entendre par les mots : fornication simple. — L'union libre. — Les défenses du *Deutéronome*. — Le coït simple confondu avec la prostitution. — Un passage du P. Debreyne. — Le sort des enfants issus du coït en dehors du mariage. — Objections. — Encore les *distinguo*. — Ce que l'Église tolère. — Ce que les confesseurs doivent demander à leurs pénitents. — La décision du concile de Trente. — Les concubines des patriarches et le concubinat. — L'opinion de saint Thomas d'Aquin. — Les avis de Mgr J.-B. Bouvier. — Règles que doivent suivre les confesseurs devant les concubinants. — Résumé : Christianisme et Islamisme.

Tous les théologiens, suivant la doctrine de saint Thomas, ont classé les péchés de luxure d'après leur degré de gravité.

Ils ont donc, tour à tour, traité dans leurs écrits de l'*inceste*, de l'*adultère*, du *stupre*, du *rapt* et de la *simple fornication*.

Nous conformant à l'ordre suivi par le P. Debreyne, nous commencerons l'étude de ces péchés par celle du *coït et de la fornication simple*.

Il est évident que si l'Église n'avait pas suivi saint Augustin dans sa doctrine du péché originel, et dans la supériorité qu'il accorde à l'abstinence et à la virginité, ainsi que nous l'avons vu dans la première partie de cet ouvrage, il est évident, disons-nous, qu'elle n'eût pas fait du coït simple un péché de luxure non opposé à la nature.

Qu'entendent donc les théologiens par ces mots : *fornication simple ?*

Ils entendent par ces mots, l'accouplement d'un homme libre avec une femme libre ; c'est-à-dire de personnes libres, non seulement des liens du mariage, mais encore des liens de parenté et de ceux du vœu de continence.

Considérée ainsi, cette fornication se distingue du *stupre* en ce qu'elle ne s'adresse qu'à une femme déjà déflorée, tandis que le *stupre* est le viol d'une vierge ; elle se distingue également du *rapt*, en ce qu'elle exige le consentement mutuel des deux complices.

Ainsi envisagé, cet acte, si naturel, conforme au commandement hédénique :

Allez, croissez et multipliez et remplissez la terre!

Cet acte devient pour tous les théologiens un péché, et qui plus est, un péché mortel.

C'est là une vérité théologique sanctionnée par l'autorité des conciles, des papes, des théologiens, des canonistes et des confesseurs.

Voici comment le P. Debreyne résume sur ce point l'argumentation théologique :

« Toute fornication, contraire à son but naturel, c'est-à-dire à la procréation légitime des enfants, entre époux,est un mal intrinsèque ou essentiel. Cet acte physiologique, quoique naturel et dans l'ordre physique de la génération, est donc défendu par la loi de Dieu, entre personnes non mariées, comme intrinsèquement mauvais et contraire à la conservation du genre humain et à l'établissement de l'ordre moral. »

C'est en considérant cette union libre des sexes comme un cas de prostitution, ayant pour but la seule satisfaction des sens, que les écrivains théologiens ont ainsi placé les relations d'un homme libre et d'une femme libre parmi les péchés de luxure.

Tous les théologiens, en effet, citent à l'appui de leur thèse le chapitre 23 du *Deutéronome*, et l'abandon des enfants pouvant résulter des relations sexuelles en dehors du mariage.

Mais, ce chapitre 23 disant textuellement : « Qu'il n'y ait point de prostituée en Israël et qu'il n'y en ait aucun qui se prostitue à l'infamie. Tu n'apporteras point dans la maison de l'Eternel, ton Dieu, le salaire d'une prostituée, ni le prix d'un chien, car ces deux choses sont en abomination devant l'Éternel, ton Dieu, » qui ne voit qu'il ne s'agit ici que de la prostitution et de la bestialité en usage alors dans les bois qui entouraient les lieux consacrés au culte, et dont les revenus servaient aux besoins du clergé.

L'Épître même de saint Paul aux Corinthiens, disant : « Ni les fornicateurs, ni les adorateurs d'idoles, ni les adultères, ni ceux qui se masturbent, ni les sodomistes n'entreront dans le royaume de Dieu, » ne s'applique-t-elle pas, ainsi que ses autres épîtres, à la prostitution dans sa généralité et ses particularités?

D'autre part, le fait de l'abandon des enfants paraît d'une valeur si faible au P. Debreyne, qu'il a soin d'écrire, après avoir déclaré que « l'enfant résultant de l'union libre, sera abandonné et son existence, même physique, sera nécessairement très précaire et nullement assurée »: « Il est inutile d'ajouter que la société où les fornicateurs pourront facilement pourvoir à l'éducation de leurs enfants, sera certainement une bonne société et qu'alors les maux allégués ne subsisteraient plus. »

Or, l'observation et les études sociales prouvent que les enfants issus de relations sexuelles libres, sont souvent adoptés par le père ou la mère, souvent même par les deux et reçoivent l'instruction et l'éducation des enfants légitimes.

On nous objectera, sans doute, que ces enfants portent toute leur vie la tare de leur origine; qu'ils sont classés par la société parmi les enfants naturels et les bâtards et n'ont, à ce titre, que des droits bien inférieurs à ceux des enfant légitimes.

Nous répondrons à cette objection, que c'est

là un fait qui se rencontre surtout dans les sociétés catholiques ou chrétiennes, imbues des principes de l Église que ce livre a pour but de vulgariser.

Cette odieuse dictinction entre les enfants issus dé parents chrétiens, distinction si contraire à la loi naturelle et au commandement hédénique, n'existe pas dans le monde musulman et dans la plupart des sociétés non régies par les lois de l'Église.

Ici, encore, les théologiens sont fertiles en *distinguo,* car, le péché est plus ou moins mortel ou véniel suivant que la fornication a lieu entre ur 'uteur et sa pupille, entre un homme libre et une femme mariée, ou réciproquement, entre un chrétien et une infidèle. D'autre part, suivant Billuart, « celui qui par déplaisir et haine du péché interrompt un accouplement fornicateur, même avec effusion du sperme en dehors du vase, fait bien et y est tenu, parce qu'il n'y a point d'instant où l'on ne soit tenu de faire cesser un péché actuel. La perte du sperme qui s'en suit, a lieu alors par accident et contre la volonté, et il y a une cause légitime de la permettre. »

En réalité, c'est là un mode de pollution que l'Église tolère, s'il est accompli dans la pensée de faire cesser un accouplement « fornicateur ».

Pour aussi étrange que la chose puisse paraître, elle n'en existe pas moins comme un principe adopté par le plus grand nombre des confesseurs.

De son côté, le P. Debreyne, revenant sur le sujet qui nous intéresse, fait de nouveau appel à la prostitution, pour expliquer la thèse soutenue par l'Église sur le coït en dehors du mariage :

« Une femme prostituée forniquant par métier, est beaucoup plus coupable, dit-il, qu'une femme forniquant par occasion, à cause de la disposition habituelle de son esprit qui la porte à commettre le péché, du scandale, des avortements fréquents qui lui peuvent arriver, de la mauvaise éducation qu'elle donnerait sans doute aux enfants conçus d'elle. »

Le même auteur termine son paragraphe sur la fornication simple, par ces conseils aux confesseurs encore peu familiarisés avec toutes ces questions.

« Il faut demander aux fornicateurs si, avant l'accouplement, ils l'ont désiré avec délectation ; s'ils ont entraîné leur complice au crime ; s'ils lui ont promis mariage ; s'ils n'ont pas promis par serment, et fait la même promesse à plusieurs ; s'ils ont péché par habitude, avec scandale ; combien de fois ils ont renouvelé le crime ; si, l'acte consommé, ils se sont livrés à d'autres turpitudes ; s'ils n'ont rien fait pour empêcher la conception. »

« Par exemple : s'ils ont supprimé le fœtus, provoqué l'avortement, tenté de le provoquer, s'ils l'ont proposé ou s'ils ont écouté les conseils de celui qui le conseillait ; si l'enfant est né ; s'ils l'ont exposé alors qu'ils auraient pu le nourrir ou l'élever. Si le pénitent, dit *Collet*, ne parle que du fait de l'accouplement, il faut l'interroger sur son état et celui de sa complice, s'il est marié, si sa complice est mariée, s'ils sont consanguins ou parents par affinité, etc. »

Et non seulement les confesseurs doivent poser toutes ces questions, s'informer de toutes ces particularités, mais ils doivent encore s'occuper des procédés, des moyens, des *préservatifs* qui ont été employés, en vue de se garantir du virus vénérien, de sa contagion et de la possibilité de la conception.

« Quant aux autres empêchements connus des femmes, disent-ils, comme d'uriner après le coït, et d'autres efforts pour rejeter le sperme, on doit les regarder généralement comme vains et inutiles ; cependant elles sont gravement coupables, puisqu'elles se proposent une fin mauvaise, celle d'empêcher la conception (1). »

Naturellement toutes ces dissertations sur le coït simple, en dehors du mariage, amènent les auteurs ecclésiastiques à traiter longuement du *concubinage*. Sans les suivre sur tous les sentiers de ce terrain, ce qui nous obligerait à augmenter singulièrement l'étendue de notre œuvre, nous donnerons un résumé, succinct, mais scrupuleusement précis, de la doctrine de l'Église en tout ce qui touche le péché du :

Concubinat

Aux yeux des théologiens, le concubinat est un péché plus grave que la simple fornication et même que la prostitution.

1. Le P. Debreyne.

Saint Thomas, après avoir expliqué pourquoi l'*Ancien Testament* donne quelquefois le nom de *concubines* aux épouses supplémentaires des patriarches, détermine le concubinat « un commerce charnel habituel entre un homme et une femme, non unis par le mariage. » « Cet état, dit-il plus loin, n'a jamais été permis, même par dispense. »

Le Concile de Trente a établi des peines très sévères et contre les clercs concubinaires et contre les laïques : « Les concubinaires, mariés ou non, seront excommuniés, si, avertis trois fois par l'ordinaire, ils ne se corrigent pas ; et si, au mépris des censures, ils persévèrent pendant un an dans leur concubinage, l'ordinaire procédera contre eux en toute rigueur, selon la qualité du crime. Les concubines, mariées ou non, qui n'obéiront pas après les trois monitions, seront punies aussi sévèrement qu'elles le mériteront, et même chassées de l'endroit, ou du diocèse, si cela paraît opportun à l'ordinaire, qui aura, s'il le faut, recours au bras séculier; déclarant au surplus que les autres peines portées contre les adultères et les concubinaires demeureront dans toute leur force. »

L'évêque du Mans, Mgr J.-B. Bouvier, que nous avons si souvent cité, s'est exprimé ainsi sur cette question du concubinage, considérée comme une des plus dangereuses prostitutions : « Si le concubinage a été public, ni le concubin, ni la concubine, quelque apparent que soit leur repentir, ne peuvent être régulièrement absous qu'après une séparation publique, car bien que l'on s'éloigne du danger, il est nécessaire de donner une satisfaction proportionnée au scandale. Or, cette satisfaction ne peut être communément obtenue que par la séparation.

« J'ai dit *régulièrement*. En effet, si le concubin, étant à toute extrémité, ne peut renvoyer sa concubine, ou s'il est tellement délaissé que l'ayant renvoyée, il ne trouve personne qui veuille lui faire le nécessaire, il doit être absous et muni des derniers sacrements de l'Église pourvu qu'il soit jugé vraiment contrit, etc., qu'en présence des assistants, il promette, s'il recouvrait la santé, de chasser cette même femme et de rompre à l'avenir tout lien qui l'enchaînerait à la société dans cette occurrence. Alors le scandale est réparé autant qu'il peut l'être, car à l'impossible nul n'est tenu.

« A plus forte raison, les sacrements de l'Eglise doivent-ils être administrés à la concubine qui, regrettant sa vie passée, promet fermement de ne pas retomber dans ce péché, lorsqu'elle ne peut actuellement quitter la maison du concubin, soit parce que ses douleurs sont trop violentes, ou qu'elle se trouve en danger imminent de mort, soit aussi parce qu'elle ne saurait où se réfugier. Mais ces cas exceptés, la séparation doit toujours être exigée, même *in extremis*, et le confesseur n'absoudra le mourant que lorsque satisfaction aura été donnée à Dieu et aux hommes, par l'expulsion de la femme ou par son départ volontaire.

« Mais si le concubinage est secret, que le commerce ait déjà cessé ou non, on doit, avant toutes choses, fortement conseiller la séparation, car il est moralement impossible qu'une telle cohabitation ne fasse pas naître quelque danger de rechute.

« Nous estimons, cependant, qu'il ne faut pas l'exiger sous peine de refus d'absolution, surtout si le confesseur prévoit qu'un scandale, qu'un déshonneur ou tout autre grave danger doivent être la conséquence de cette séparation.

« Nous supposons alors, en ce cas, que le coupable a pris, avec l'intention de la tenir à tout jamais, la ferme résolution de ne plus pécher. Ainsi le pensent *Navarres, Billuart, saint Liguori* et plusieurs autres.

« Si pourtant, malgré cette résolution prise, il survenait une rechute, l'absolution devrait être différée et la séparation ordonnée ; car évidemment, le confesseur aurait tout droit de croire qu'une nouvelle promesse ne sera jamais tenue.

« Mais il peut arriver que cette cohabitation illicite n'a pas encore volontairement cessé ; que doit-on faire alors?

« Si le pénitent est à l'article de la mort et déteste ses péchés, il doit recevoir l'absolution ainsi que les autres sacrements, aux conditions indiquées plus haut, en indiquant le mot régulièrement ; il n'est pas nécessaire que la promesse de séparation soit publiquement faite.

« Mais le pénitent peut n'être pas en véritable danger de mort ; dans ce cas, s'il vit secrètement en concubinage, il ne peut le plus communément être absous qu'après la séparation faite, et cela, parce qu'il s'exposerait journellement à pécher ; or, la loi divine et naturelle nous recommande particulièrement de fuir tout danger de péché. »

Voilà la thèse générale, voyons maintenant les *distinguo*:

« J'ai dit : le plus *communément*. En effet, certains cas existent dans lesquels l'absolution peut être donnée sous la seule promesse de séparation ou même lorsqu'il est fait simple promesse de ne plus pécher à l'avenir ; mais :

1° Le confesseur doit alors supposer, d'après certains indices, que la contrition est parfaite, et qu'au premier ou second avertissement le pénitent promettra de rompre les liens du concubinage.

2° L'absolution peut encore être donnée lorsque le confesseur prévoit qu'un tel refus entraînerait un scandale grave ou même le déshonneur du pénitent ; telle serait, par exemple, la situation d'une jeune fille que l'on supposerait débauchée parce qu'on ne la verrait jamais s'approcher de la sainte table, ou d'un prêtre qui scandaliserait le public en ne célébrant jamais sa messe paroissiale. Il faut alors supposer la contrition véritable.

3° Toute séparation reconnue impossible,

n'est pas exigible; par exemple celle d'une fill de famille commettant le péché avec le domes tique de la maison paternelle, ou d'un fils ave sa servante. On cherchera d'abord, en leur refu sant l'absolution, à mettre à l'épreuve ceu qu'enchaîneraient de tels liens, et s'ils se repen tent sincèrement et promettent d'éviter tout occasion de faute prochaine, cette absolutio leur sera donnée.

4° Lorsque deux personnes vivent en concu binage, ou secrètement, ou laissant soupçonne leurs relations honteuses, et que, cependant, il ne peuvent se séparer sans grave danger d déshonneur ou de scandale, le confesseur devra s'efforcer d'obtenir d'eux cette séparation en le menaçant du refus de l'absolution; mais s'il persistent dans leur résolution de vivre en con cubinage, il devra la leur donner. »

On voit par ce qui précède que, s'il est ave le ciel des accommodements, il en est encor plus avec les sévérités dogmatiques de l'Église grâce à ses nombreux *distinguo*.

L'histoire de nos rois, de nos gouvernants, vivant plus ou moins ouvertement en concubinage avec leurs maîtresses; celle de personnages plus ou moins officiels, celle d'un grand nombre de Princes de l'Église, ne donne-t-elle pas un hardi croc-en-jambe à ces canons de l'Église, si sévères et si élastiques?

Il faut bien le reconnaître, cette dernière, guidée par son ambition mondiale, s'est mise dans une situation des plus délicates en voulant régimenter, à son profit, toutes les manifestations de la nature, toutes les excroissances charnelles des passions humaines. Le vaste filet qu'elle a étendu sur l'humanité s'est crevé en plusieurs endroits, et, par ces solutions de continuité se sont bruyamment échappés les instincts, les besoins d'union qui ont constitué et la prostitution et le scepticisme. A vouloir trop embrasser, à vouloir trop dominer, l'Église a perdu, par degré, toute sa puissance directrice, matérielle et spirituelle.

Héritière du paganisme, elle semble destinée, comme lui, à disparaître par la multiplicité de ses cultes, de ses cérémonies et de ses exigences.

On ne façonne pas une humanité comme on pétrit et on façonne la terre glaise. Il faut, pour la diriger, pour la corriger et lui imprimer une marche nouvelle, l'étudier dans ses propriétés intrinsèques et la suivre dans ses grandes manifestations, dans ses lois de reproduction comme dans les besoins qui assurent sa vitalité et sa puissance.

C'est en ne voulant pas se soumettre à ces formules, à ces nécessités vitales, que l'Église en est arrivée à ce tournant de son histoire.

Et c'est parce que l'Islam a répondu aux grandes lignes de ces *desiderata*, qu'il s'est imposé si rapidement aux peuples primitivement chrétiens, dans la contrée même où le christianisme a pris naissance, portant, avec sa polygamie des patriarches, la destruction de la prostitution.

CHAPITRE V

Du stupre, du viol et du rapt.

SOMMAIRE. — Que faut-il entendre par le mot stupre ? — L'avis des principaux théologiens. — La virginité comme vertu et comme état anatomique. — Retour sur l'enfantement sans la dévirginisation. — Le stupre, péché de luxure spécial. — La perte volontaire de la virginité, péché mortel chez la femme, ne l'est pas chez l'homme. — Les articles du Code pénal sur le viol. — Du rapt et de ses conséquences. — Quelle est la conduite que la femme doit tenir dans ce cas. — La thèse très humaine de saint Augustin. — Les conciles de Tolède et de Trente. — Un apologue oriental.

Les théologiens définissent le *stupre* « l'accouplement illicite avec une vierge », ou « la *défloraison violente d'une vierge* ». Mais, en réalité, ce mot, qui s'applique aussi à toute espèce de coït illégitime, se dit particulièrement du coït avec une vierge, consentante ou non.

C'est donc un simple coït, ou une fornication simple, ou un viol.

Saint Liguori et Sanchez ne distinguent pas cet acte de la fornication ordinaire, quand il y a consentement mutuel ; saint Bonaventure et saint Thomas, professent que le stupre est une espèce de luxure spéciale, car la défloraison d'une vierge ne peut être confondue avec l'accouplement illicite avec une femme déjà déflorée.

Pour ces deux théologiens le stupre est une espèce de péché particulier et spécial.

Il y a dans le stupre, dit saint Thomas, deux offenses : l'une au sceau de la virginité — *offendit signaculum virginitatis*, — et l'autre aux parents de la vierge, qui est sous leur garde. De l'offense faite à la vierge, il résulte qu'elle est exposée au danger de ne pouvoir plus contracter de mariage légitime, et à celui « d'entrer dans la voie de la prostitution d'où la détournait jusqu'alors la crainte de perdre le sceau de sa virginité. »

Il résulte de cette thèse que, lorsqu'il n'y a pas offense aux parents, comme dans le cas, par exemple, où ils auraient consenti au stupre, et que de l'autre, le stupre n'entraîne pas, pour la vierge déflorée, l'un des deux dangers susdits, le péché, au point de vue de l'injustice commise, perd de sa gravité.

Il faut remarquer que sous le nom de vierge les théologiens n'entendent pas parler d'une personne n'ayant jamais péché contre la chasteté, mais bien de celle qui n'a pas encore coïté. Il ne s'agit donc pas ici de la virginité comme vertu, mais comme état d'intégrité anatomique.

Billuart s'exprime ainsi au sujet de cette intégrité physique : « Selon quelques-uns, écrit-il, le signe de la virginité serait une certaine toile dite membrane hymen, qui est déchirée lorsque le membre de l'homme pénètre dans le vagin ; suivant d'autres, et ceux-là plus récents, ces signes de virginité ne consisteraient qu'en un certain repli membraneux qui obstruerait l'orifice féminin et qu'élargirait l'homme en y faisant pénétrer son membre : tel on ouvrirait un vase. Mais, ajoute l'auteur, il est plus vraisemblable, et de nombreux médecins partagent cet avis, que cette toile dite membrame hymen ne se trouve pas chez toutes les vierges surtout lorsqu'elles sont jeunes. »

Le Père Debreyne, qui était médecin ainsi que nous l'avons déjà dit, reprend la question ainsi posée par Billuart, et tous les théologiens antérieurs, et la place sur sa véritable et scientifique base (1).

« L'hymen, souvent révoqué en doute, est néanmoins constant s'il n'a pas été détruit par une infinité de choses étrangères au coït — la masturbation le plus souvent. — C'est un repli membraneux, ordinairement demi-circulaire, qui ferme plus ou moins l'entrée du vagin. L'hymen est regardé par le vulgaire comme le sceau ou le signe de la virginité physique ; autrefois les magistrats et les médecins légistes eux-mêmes, s'en étaient formé la même opinion : et de là souvent des décisions fausses, erronées, iniques. Fabrice de Hilden parle d'une femme chez qui l'hymen percé de petits trous, n'avait pas empêché la grossesse bien que son mari eût demandé à divorcer pour cause de coït impossible. »

Après avoir cité d'autres faits, pour ainsi dire classiques en médecine, le Père Debreyne conclut, avec raison, qu'il n'existe pas de signe absolument certain de la virginité.

1. Voir sa *Physiologie catholique et philosophique.*

Voici l'opinion du célèbre Cuvier sur ce point : « La présence de l'hymen ne prouve ni la pureté, ni même absolument la virginité de celle qui le possède, pas plus que son absence ne prouve du désordre dans la conduite ; on cite des femmes qui l'ont conservé même après leurs couches, et des jeunes filles qui ne l'ont jamais eu ; et, en effet, on conçoit qu'une membrane aussi frêle peut, en certains cas, s'étendre, céder à de fortes pressions et reprendre ensuite son premier état, et, en d'autres cas, se déchirer par de légers mouvements ou s'effacer ou se confondre avec les plis moins apparents au-dessus ou au-dessous. Il n'en est pas moins vrai que dans la règle les vierges ont un hymen et le conservent, et qu'on l'a trouvé dans les filles de tout âge. »

Intervenant directement dans ce débat, nous résoudrons la question en disant :

S'il est vrai qu'à la suite d'un accident quelconque une vierge peut voir son hymen en partie détruit, et présenter par conséquent aux regards d'un observateur superficiel les caractères d'une dévirginisation causée par le coït, sans que ce dernier ait eu lieu, il n'en est pas moins vrai que toute fille ne présentant pas son hymen intact, est une fille déflorée, mais qu'il n'est pas permis de conclure, de ce cas, à la défloraison coïtale de la vierge.

Quant à la perte du sang, qui résulte en quantité plus ou moins forte de la déchirure de l'hymen dans le coït, elle ne peut, en aucun cas, être considérée comme une preuve indiscutable de la virginité, ainsi que le veulent les Juifs et les Sémites. Il n'est pas rare, en effet, de rencontrer des femmes, même parmi les prostituées, suffisamment étroites pour rendre le coït très pénible pour l'homme bien constitué, et se traduire par une légère hémorragie.

Ajoutons que nous avons eu sous les yeux de semblables exemples, et que des maris sont venus nous consulter pour obtenir le moyen de rendre leur femme moins étroite et plus apte au coït. Un de ces maris présentait la particularité d'avoir épousé une demi-mondaine qui avait dû prendre sa retraite à la suite des chagrins et des pertes d'argent que lui avait occasionnés l'étroitesse de son vagin.

Jean Wiggers, Boudart, Gilenus, Daelman, et Billuart pensent que « la circonstance de virginité dans un stupre volontaire n'ajoute à la simple fornication qu'une malice vénielle et non une malice mortelle, qu'il soit nécessaire de déclarer en confession. »

« Nous ne pensons pas, déclare Billuart, beaucoup différer en cela de saint Thomas. Ce savant docteur croit, et avec lui, nous aussi, que le stupre commis sur une vierge est un péché de luxure d'une nature spéciale, mais il ne dit pas que cette circonstance de virginité le revête d'une malice mortelle. En effet, personne ne peut avancer d'une manière certaine qu'une circonstance changeant la nature du péché lui donne, par voie de conséquence, une malice mortelle. Il serait facile d'ailleurs de citer un grand nombre de péchés qui ne sont pas mortels : La colère, l'avarice, la gourmandise, la prodigalité, la vanité. Il peut donc arriver que des péchés mortels par eux-mêmes ne soient que véniels, étant donnée la légèreté de matière. »

D'autre part, les auteurs ecclésiastiques sont unanimes à déclarer « que la circonstance de virginité chez l'homme qui se rend coupable de stupre n'ajoute aucune malice mortelle à la simple fornication. « Or, y a-t-il donc une si grande différence, disent-ils, entre la perte de la virginité chez l'homme et la perte de la virginité chez la femme, et le stupre peut-il être péché mortel pour l'un et jamais pour l'autre. »

A part saint Augustin, dont les écrits sur la virginité ont été en grande partie reproduits synthétiquement dans la première partie de ce livre, les théologiens passent rapidement sur la question du viol qu'ils paraissent vouloir confondre avec le stupre. Ils sont en cela moins sévères que notre code pénal qui dit : « Quiconque aura commis le crime de viol ou sera coupable de tout autre attentat à la pudeur consommé ou tenté avec violence, contre des individus de l'un ou de l'autre sexe, sera puni de réclusion. »

« Si le crime a été commis sur la personne d'un enfant au-dessous de l'âge de quinze ans, le coupable subira la peine des travaux forcés à temps.

« La peine sera celle des travaux forcés à perpétuité si les coupables sont de la classe de ceux qui ont autorité sur la personne envers laquelle ils ont commis l'attentat, s'ils sont ses instituteurs ou ses serviteurs à gages, ou s'ils sont fonctionnaires publics ou ministres d'un culte, ou si le coupable, quel qu'il soit, a été aidé dans son crime par une ou plusieurs personnes (1). »

Telles sont les grandes lignes du stupre, volontaire ou non, que l'Église a consacrées à cette question.

Le *rapt*, ou enlèvement par violence, ou par séduction irrésistible, est, suivant quelques théologiens, la violence faite à une personne en vue de la satisfaction d'une passion libidineuse, ou son entraînement d'un lieu dans un autre, en vue de contracter mariage avec elle.

Vis-illita, c'est-à-dire violence faite physiquement ou moralement.

Cuicumque personæ, c'est-à-dire à une personne quelconque. En effet, il ne s'agit pas ici, suivant le Père Debreyne, d'une personne simplement vierge, mais de toute personne quelconque, soit vierge, soit dévirginisée, libre, mariée, civile, religieuse, parent consanguin, soit homme, soit femme.

Code pénal, art. 331, 332, 333.

Tout rapt n'a pas la même gravité. Voici, selon Collet, la gradation de gravité dans les rapts de femmes :

« Le péché le plus grave est le rapt d'une religieuse, puis celui d'une femme qui a fait un simple vœu de chasteté.

« Vient ensuite le rapt d'une consanguine ou parente par affinité ; enfin celui d'une femme mariée, d'une vierge, d'une veuve et d'une prostituée. »

Sylvius ajoute que le péché sera beaucoup plus grave si un mâle enlève un mâle, une femelle une femelle en vue d'un abominable libertinage.

Si la personne qui commet le rapt, le fait pour un motif en dehors de la satisfaction de sa passion, c'est-à-dire pour vendre la femme comme esclave ou pour en faire une domestique, le fait n'est plus considéré comme une espèce de luxure : c'est un rapt qu'on appelle *plagium*; c'est-à-dire une pure injure ou une injustice envers la personne ravie.

Suivant les papes Gélase, Luce III et saint Thomas, lorsqu'un homme, qui a été fiancé à une fille du consentement de ses parents, l'enlève malgré eux pour l'épouser, il n'est pas coupable de rapt si la fille y consent, bien qu'il pèche en employant la violence.

« La fornication, dit le Père Debreyne, avec une femme endormie ou ivre, ou avec une jeune fille n'ayant pas l'usage de sa raison, ou n'ayant aucune connaissance de ce crime, peut se ramener au rapt, quoi qu'il n'y ait pas rapt proprement dit, mais plutôt tromperie.

« Le rapt est donc une luxure de nature spéciale qui doit être déclarée en confession dans toutes ses moindres circonstances. »

Voyons maintenant quelle doit être la conduite de la jeune fille, vierge ou non, victime d'un rapt avec violence, c'est-à-dire ayant pour but un coït forcé, contre sa volonté :

Cette question, si largement traitée par saint Augustin, dans sa *Cité de Dieu*, a été tranchée par tous les théologiens, conformément à la doctrine du grand évêque qui « pose en principe que la violence ne peut porter atteinte à la chasteté des femmes chrétiennes, cette vertu ayant son siège dans l'âme, et le corps n'étant sanctifié que par la sainteté de la volonté. Tant que la volonté demeure ferme et constante dans le bien, rien de ce qu'une force étrangère peut faire du corps, sans qu'il soit possible de se soustraire à cette violence, ne rend coupable celui qui la souffre malgré lui. Mais comme on peut produire dans le corps par la violence une autre sensation que celle de la douleur, encore que cette violence ne fasse pas perdre la chasteté de l'âme qui résiste avec fermeté, elle ne laisse pas d'alarmer la pudeur, en faisant naître la crainte que d'autres ne soupçonnent l'âme du patient d'une certaine complicité avec le corps. Et cette crainte peut-être assez forte pour excuser la vierge d'échapper par la mort volontaire à un si grand outrage. Quel est le cœur humain qui ne pardonnerait pas aux femmes qui ont mieux aimé se tuer que de le subir ? Mais d'un autre côté qui voudrait condamner celles qui n'ont pas voulu se tuer pour ne pas se défendre d'un crime par un autre crime ? Pourquoi, en effet, commettraient-elles sur leur personne un péché qui leur serait propre, pour en éviter un qui leur serait étranger ? Qui serait assez déraisonnable pour se croire déchu de la chasteté, s'il arrive que son corps soit livré, en dépit de sa volonté, aux impures passions d'autrui ? N'arrive-t-il pas, que, soit malice, soit ignorance ou hasard, en voulant s'assurer de la virginité d'une jeune fille, une sage-femme la lui fasse perdre ? Dira-t-on que cet accident a fait perdre au corps de cette vierge quelque chose de sa sainteté ? Mais qu'une femme entraînée par la corruption de son cœur coure s'abandonner à son séducteur, dira-t-on qu'en chemin elle conserve la sainteté corporelle, quand elle a aboli cette sainteté spirituelle qui sanctifiait son corps ? »

Saint Augustin conclut de tout cela que le corps, même profané par la violence, ne perd rien de sa sainteté, tant que l'âme résiste et demeure pure ; et que, même intact, il la perd, si l'âme a cessé d'être pure.

« Rien donc, pas même l'attentat à leur virginité, continue le célèbre évêque, ne saurait autoriser les femmes chrétiennes à se donner la mort ; le suicide de Lucrèce, si elle s'est tuée sans être coupable d'un consentement secret à l'adultère, n'est plus amour de la chasteté, mais faiblesse d'une pudeur mal entendue. Elle rougit d'un crime commis sur elle et non pas avec elle. Si de saintes femmes chrétiennes qui ont éprouvé le malheur de Lucrèce, ont cherché dans les eaux un refuge et la mort, et si l'Église les honore comme martyres, ce n'est pas qu'elles ont suivi l'exemple de Lucrèce, mais parce qu'elles ont cédé, en se suicidant, non à une illusion humaine, mais, comme Samson, à un ordre secret de Dieu. »

Mais si une femme n'est pas tenue de résister jusqu'au suicide à la violence qui menace sa virginité, suffira-t-il, pour l'exempter de tout péché, d'une résistance purement intérieure de la volonté ?

Nous savons sur ce point quelle était l'opinion de la loi mosaïque. La théologie s'inspire de cette opinion, non plus qu'elle ordonne de lapider la jeune fille qui, lorsqu'elle pouvait être entendue, n'aurait pas crié pendant qu'on la violait, mais elle établit que la femme à laquelle on veut faire violence est tenue de résister par tous les moyens qui sont en son pouvoir, agitation du corps, sévices, cris, etc.

En 1708, le clergé gallican condamna cette proposition :

« Suzanne, exposée à l'infamie et à la mort, aurait pu se conduire négativement et laisser s'accomplir le viol, pourvu qu'elle n'y eût point consenti par un acte intérieur, et l'eût détesté et exécré », — comme téméraire, scandaleuse, erronée et contraire à la loi de Dieu.

Nous ne pouvons entrer ici dans les discussions que soulève entre théologiens la grave question de savoir à quelle restitution ou à quel dédommagement seront obligés les séducteurs pour cause de stupre ou de fornication (1).

Qu'il nous suffise de dire que les théologiens sont d'accord avec les casuistes et les canonistes pour reconnaître que celui qui a séduit une personne avec promesse de mariage, que cette promesse ait été feinte ou sincère, est tenu, en conscience, à l'épouser, ou s'il ne peut le faire, à réparer, autant qu'il est en lui, le dommage qu'il a pu lui causer. Mais, en pratique, et devant la loi canonique et civile, de semblables promesses faites dans l'intérêt du crime, et par conséquent immorales, ne doivent point être avenues, et on doit les regarder comme nulles en vertu du principe reconnu par l'article 1172, du Code civil :

1. Cette question et toutes celles soulevées par la question du mariage, seront largement traitées dans notre prochain volume : L'ÉGLISE ET LE MARIAGE.

« Toute condition d'une chose impossible ou contraire aux bonnes mœurs ou prohibée par la loi est nulle et rend nulle la convention qui en dépend. »

Aux yeux des théologiens, ce principe doit fléchir dans le cas où la fille séduite aurait un enfant des œuvres de son séducteur, à moins qu'un mariage mal assorti ne puisse faire prévoir des suites fâcheuses à leur union. « Cette obligation n'existe pas moins pour le séducteur, alors même qu'il n'aurait fait aucune promesse (1). »

Pour terminer cette question du rapt et de ses conséquences, disons que l'Église l'a toujours poursuivi de ses anathèmes.

Le concile de Tolède, en 1473, priva les ravisseurs de la sépulture ecclésiastique, et celui de Trente : Sess. 24, ch. 6 — porta contre eux l'arrêt suivant :

« Le ravisseur et la personne enlevée ne pourront se marier que lorsque celle-ci aura été mise en lieu sûr, où elle puisse librement donner son consentement ; mais qu'il l'épouse ou ne l'épouse pas, le ravisseur sera à jamais infâme, incapable de toutes charges et dignités, excommunié

1. *Morale matrimoniale.*

ipso facto, ainsi que ceux qui l'auront aidé de leurs conseils ou autrement, et obligé de doter la personne enlevée. S'il est clerc, il sera déchu de son grade. »

Avec le temps et la marche des choses, l'Eglise a singulièrement adouci ses arrêts en cette matière. Plus humaine, elle ne refuse plus les sacrements du mariage à la victime et à son complice. Ce n'est maintenant qu'une simple question de formalités et d'argent.

Comme beaucoup de moralistes et de légistes, l'Église se montre assez défiante sur les accusations de viol portées si facilement par des femmes hystériques ou haineuses et jalouses. Sa prudence nous rappelle cet apologue musulman sur le même sujet :

Un jour une femme arrive devant le cadi (juge), traînant un homme après elle.

— Juge, s'écrie-t-elle, rends-moi justice ; cet homme m'a violée !

Le juge, après un instant de réflexion, dit à l'accusé :

— Donne ta bourse à cette femme.

Celui-ci, redoutant un châtiment plus sévère, s'empresse d'obéir.

— Maintenant, dit le juge, reprends-lui ta bourse.

Le prévenu, sans se faire prier, obéit au juge et fait tous ses efforts pour reconquérir sa bourse. La femme résiste avec la plus grande énergie et tous les efforts de l'homme restent inutiles.

— Femme, dit alors le bon juge, si tu avais défendu ton honneur comme tu as défendu ta bourse, tu n'aurais pas eu besoin de venir devant moi.

CHAPITRE VI

De l'adultère, de l'inceste et du sacrilège.

Sommaire. — L'Église et l'adultère. — Ses trois degrés. — L'Écriture Sainte et l'adultère. — Il n'y a pas adultère si l'acte n'est commis dans le lit conjugal. — Le consentement du mari. — Le mari et le père ont-ils le droit de tuer leur femme ou leur fille surprises en adultère? — Opinions des théologiens. — Le Code pénal. — Quelle doit être la conduite des confesseurs en cas d'adultère. — Des réparations, des dommages causés par l'adultère. — Moment le plus favorable à la conception. — Les signes de la grossesse. — L'inceste. — Le Concile de Trente et les théologiens. — Sagesse de la défense des mariages consanguins. — Coït entre confesseur et pénitente. — Du sacrilège : sa définition théologique. — Le coït conjugal dans les églises, etc. — Lieux saints et consacrés. — Résumé.

Par adultère, l'Église entend le coït avec la femme d'un autre ou « la violence du lit d'autrui ». Il peut être commis de trois manières :

1° entre un homme marié et une femme libre;
2° entre un homme libre et une femme mariée;
3° entre un homme marié et une femme mariée.

L'Eglise fait de ce coït un péché de luxure distinct des autres. C'est un péché mortel.

Mais, pour qu'il y ait véritablement adultère, il faut que l'acte se passe dans le lit conjugal.

En formulant ses décrets contre l'adultère, l'Église s'est appuyée sur ces extraits de l'Écriture sainte :

« Ne t'unis pas charnellement avec la femme de ton prochain : tu te souillerais par elle. » (*Lévitique*).

« Ne convoite pas la femme de ton prochain, ni sa maison, ni, etc. » (*Deutéronome*).

« Si un homme est surpris ayant commerce avec une femme mariée, ils mourront tous deux également, l'homme qui a eu commerce avec la femme ainsi que cette dernière. Et tu feras disparaître ce mal en Israël. » (*Deutéronome*).

« Celui qui commet un adultère est dépourvu de sens, et celui qui le fera perdra son âme ; il trouvera des plaies et de l'ignominie, et son opprobe ne sera point effacé. (*Proverbes*, chap. VI, v. 32 et 33).

« L'adultère est une chose honteuse et aussi une grande iniquité : c'est un feu qui vous consume en entier. (*Job*, XXXI, 11, 12).

« Ne vous y trompez point, ni les adultères, ni les fornicateurs ne posséderont le royaume de Dieu. (Ép. de saint Paul aux Corinthiens, 4, 6, 9).

L'adultère est double quand il se produit entre un homme marié et une femme mariée ; il est simple, quand il est le fait d'un homme libre avec une femme mariée. Le premier est plus grave que le second.

L'adultère d'une femme mariée avec un homme libre étant plus grave que celui d'un homme marié avec une femme libre, le pénitent doit déclarer en confession les diverses circonstances de l'adultère.

L'adultère accompli du consentement du mari reste un véritable adultère, car nul n'a le droit dans l'espèce de renoncer à son droit.

Un mari, un père, peuvent-ils, en toute conscience, tuer leur femme ou leur fille surprises en adultère ?

Cette question si grave, que notre Code pénal a en partie tranchée dans le sens de l'affirmative, a été longuement étudiée par les théologiens, les canonistes et les confesseurs.

Billuart, entre autres, s'est demandé si le meurtre était dans ce cas permis à l'époux ou au père outragé ; et, après avoir constaté que plusieurs théologiens affirment ce droit, il ajoute : « Pourtant, d'après l'opinion commune, pareille chose semble illicite. Les lois civiles, à moins de se montrer gravement injustes, ne peuvent donner à quiconque le droit de tuer les personnes surprises en adultère ; pareil crime serait une action intrinsèquement mauvaise :

1° Parce qu'il est contre le droit naturel et contre le droit des gens de punir sans nécessité urgente une personne qui n'aura pas eu le temps de s'expliquer, de présenter sa défense et surtout quand cette punition est la mort. En outre, dans ce cas, une personne se constitue accusateur et juge.

2° Parce que rien n'est plus contraire à la charité chrétienne ; en effet, une personne tuée inopinément, sans nécessité urgente, risque fort de mourir en état de péché et par suite d'être damnée ; à plus forte raison les personnes surprises en flagrant délit d'adultère et tout aussitôt tuées. Rien ne nous force à commettre ce crime, puisque la sécurité publique n'est pas menacée, et que les lois civiles peuvent suffisamment punir le coupable. »

Et Billuart ajoute :

« Si les lois civiles paraissent, je ne dirai pas permettre, mais fermer les yeux sur ce crime, c'est qu'elles tiennent compte de la violente émotion et de la colère qui, sans doute, en pareil moment, se rendent maîtresses du meurtrier. »

Quelle doit être, en cas d'adultère, la conduite du confesseur ? suivant le Père Debreyne, il doit interroger les adultères sur les points suivants : 1° Sont-ils mariés tous les deux ? 2° ont-ils dilapidé les biens du mari innocent? 3° ont-ils l'habitude de l'adultère? 3° La femme adultère a-t-elle conçu ou a-t-elle pu concevoir ? 5° est-il né des enfants ? 6° Les enfants sont-ils nourris du bien du mari comme s'ils étaient légitimes? 7° Les enfants de l'adultère ont-ils partagé avec les enfants légitimes l'héritage qui ne leur était pas dû ? etc., etc.

Les auteurs ecclésiastiques s'étendent longuement sur la réparation des dommages causés par l'adultère.

La base de ces considérations s'appuie sur la nécessité qu'ont le père et la mère de l'enfant adultérin de réparer, conjointement et solidairement, le dommage temporel que leur crime a causé au mari et aux enfants et héritiers légitimes.

Le Père Debreyne termine les quelques pages qu'il a consacrées à la question qui nous intéresse par des réflexions sur certaines présomptions de paternité.

Ces réflexions étant frappées du sceau d'une excellente physiologie, nous allons les reproduire synthétiquement :

« La science physiologique peut-elle fournir des signes qui indiquent que la maternité est certaine ou du moins probable?

« C'est là, certes, une question dont la solution nous paraît d'une très haute portée dans la pratique. Mais il faut se hâter de l'avouer, la science ne peut nous conduire qu'à quelques probabilités et non à la certitude absolue.

« Quoi qu'il en soit, voici ce que l'on peut avancer sans trop se compromettre : Il y a présomption de paternité pour l'homme, qui aura coïté avec la femme aussitôt après la cessation des règles, car les femmes ne conçoivent que très rarement lorsqu'elles ont leurs règles ou quelques jours auparavant.

« Le moment le plus favorable à la conception, est celui qui suit immédiatement l'écoulement mensuel, qui paraît disposer l'utérus à la fécondation. C'est ainsi que, suivant le conseil du médecin Fernel, la femme de Henri II devint enceinte et mit au monde un enfant, après onze ans d'une apparente et désolante stérilité.

« Quelques femmes, assure-t-on, sont tellement sensibles, qu'elles croient ressentir en elles une perturbation insolite, une sensation horriblement délicieuse, ou même un spasme extraordinaire de l'utérus, qui les avertissent qu'elles sont fécondées. De là, sans doute, l'usage d'asperger d'eau froide les parties sexuelles des juments, de suite après la saillie, pour que, l'utérus se contractant, il leur soit possible de retenir le flux séminal et de concevoir.

« Si aux phénomènes, ci-dessus indiqués, on ajoute ceux que nous allons décrire, il y aura forte présomption de conception.

« Voici l'ensemble de ces phénomènes dont

la présence annonce généralement le commencement de la grossesse:

« Les yeux perdent de leur vivacité, de leur brillant, expriment la langueur et semblent s'enfoncer dans l'orbite. Les paupières se cernent, s'entourent d'un cercle noirâtre, livide ou plombé. Le nez s'effile ou s'allonge. La bouche s'agrandit par l'écartement de ses commissures, tous les traits du visage se retirent en arrière, ce qui fait proéminer le menton en avant. La figure pâlit, se couvre de taches plus ou moins larges, plus ou moins nombreuses, tantôt rousses ou d'un noir plus ou moins foncé, tantôt, mais plus rarement, d'un blanc mat comme laiteux, la figure se masque en un mot. Le goût et les digestions se pervertissent plus spécialement encore. Des nausées et des vomissements surviennent, amenant une perte plus ou moins complète de l'appétit. La femme ne désire plus pour se nourrir que des objets bizarres et quelquefois dégoûtants.

« Souvent aussi, mais à une époque plus avancée, l'état moral de la femme subit de nombreux changements ; il est quelquefois même exposé aux plus graves perturbations. »

Les présomptions que comportent les signes que nous venons d'indiquer, d'après le Père Debreyne, se transforment en quasi-certitude si elles sont accompagnées ou suivies de la cessation des règles.

Nous disons qu'elles se transforment en « quasi-certitude » parce qu'il est des femmes qui continuent à être menstruées pendant les premiers mois de leur grossesse.

Nous devons ajouter, ici, qu'il est un symptôme-signe qui, pour nous, présente un caractère de certitude presque absolue : Il s'agit de la circulation sanguine que la grossesse modifie toujours, l'accélérant ou la retardant. Cette modification de la circulation se juge en tâtant le pouls : ce dernier, en effet, devient plus ou moins rapide, plus ou moins plein, plus ou moins fébrile, plus ou moins lent, ou présente des caractères, presque insensibles, que l'habitude et l'habileté indiquent au praticien.

Poussant plus loin la valeur des indications du pouls, il nous est arrivé, guidé par ce *je ne sais quoi*, qui constitue le tact médical, de prédire à coup sûr le sexe de l'enfant, sans nous tromper.

Mais laissons ces considérations, peut-être trop médicales pour un semblable livre.

Telle est la thèse soutenue par l'Église sur tout ce qui touche à l'adultère.

Passons maintenant à :

L'INCESTE

Suivant le Concile de Trente, l'inceste est l'accouplement illicite avec une consanguine ou parente par affinité aux degrés prohibés, tels que sont tous les degrés de consanguinité et d'affinité par suite d'un mariage ou convenu ou consommé jusqu'au quatrième degré inclusivement, ou d'affinité par suite d'une union illégitime jusqu'au second degré inclusivement.

Selon Billuart, sous ce mot d'accouplement considéré comme principal (*concubitus*) il faut comprendre les baisers, les attouchements, les regards et autres actes tendant à l'accouplement et, par conséquent, appartenant à l'inceste comme ils appartiennent à l'adultère avec une femme mariée, à la fornication avec une femme libre.

L'inceste a toujours été regardé comme un

péché de luxure fort grave et d'une nature spéciale en soi.

Le *Lévitique* (chap. 20) édicte la peine de mort contre les incestueux, *car ils ont commis une chose défendue, une action criminelle.*

On entend dire de toutes parts, s'écrie saint Paul, qu'il y a parmi vous de la fornication et une telle fornication que même parmi les gentils on n'entend parler de rien de semblable ; c'est que quelqu'un d'entre vous entretient la femme de son père. »

« Les théologiens, dit le Père Debreyne, font dériver les raisons de la malice de l'inceste d'un manque considérable de respect dû aux parents, d'une répugnance spéciale, *specialis repugnantia usui debito venereorum,* et de la grande familiarité qui suit naturellement la parenté et qui semble très propre, dit-on, à favoriser le désordre et le libertinage, etc. Ils auraient pu ajouter encore une autre raison à laquelle aucun d'entre eux n'a pensé, et qui, pourtant, a sa valeur comme les autres. Or, cette raison qui réprouve essentiellement les conjonctions in-

1. Epître aux Corinth., chap. 20.

cestueuses, c'est la forte probabilité ou plutôt la certitude relative de la dégénération physique et même morale de l'espèce humaine. Dans le but de prévenir cette grave perturbation de la nature humaine, la sagesse des législateurs, unissant dans l'intérêt de l'humanité la morale avec la physiologie, a ordonné le mélange et le croisement des sangs et des races.

« A la faveur de cette haute législation, tout a été sagement pondéré et balancé dans l'ordre social. Les sujets lymphatiques ont été alliés à des sujets sanguins ; des personnes trop nerveuses ont été unies aux individus lymphatiques sanguins. De là le maintien de l'équilibre humanitaire et social, c'est-à-dire de la santé et de la vigueur de l'individu, de la famille, des peuples, des nations et du genre humain tout entier.

« Renversez cet ordre physiologique et hygiénique, et faites contracter des alliances constamment dans les familles lymphatiques sans mélange de sang, vous n'aurez, après quelques générations, qu'un peuple scrofuleux, rachitique, cacochyme, rabougri, et peut-être réduit à un triste et déplorable crétinisme, c'est-à-dire à une complète dégénération physique et morale.

« Il est certain, et c'est d'une observation vulgaire, que la dégénération ne tarde pas à se manifester dans les familles quand elles se marient entre elles ou lorsque de proches parents s'unissent par des alliances matrimoniales.

« Les institutions canoniques, disons mieux, l'esprit du christianisme si éminemment civilisateur, et d'où émane toute la moralité d'une bonne législation, a donné la preuve d'une prévoyante sagesse fondée sur les lois de la plus haute physiologie en prohibant le mariage dans certains degrés de parenté.

« La perpétuité de l'espèce, la force physique, intellectuelle, morale, sociale et nationale, y trouve la plus sûre et la plus solide garantie ; car nous l'avons déjà dit, les races se détériorent et s'abâtardissent lorsqu'elles se refusent à des alliances étrangères.

« On sait, sans comparaison, comment on améliore les races dans les espèces animales domestiques.

« Quelques physiologistes célèbres ont été

jusqu'à dire, en parlant des lois de la propagation de l'espèce humaine, que si les hommes étaient assez sages et assez raisonnables pour suivre le vœu de la nature, en sacrifiant les basses jouissances de l'amour-propre au profit de leur postérité, il serait possible de perfectionner, au delà de ce qu'on imagine, non seulement des individus et des familles, mais des nations entières, sous le rapport de la force, de la vigueur, de la forme, de la stature, de la santé, et même au point de vue du moral, c'est-à-dire de l'intelligence et du sentiment. »

L'inceste, qui se trouve à l'origine de toutes les sociétés, dont la Bible est farcie, l'inceste, véritable erreur physiologique, est encore plus sévèrement jugé par l'islamisme que par le catholicisme (1).

D'après de Maistre la sévérité des lois chinoises serait encore plus rigide que les nôtres : la défense du mariage ne s'y étend pas seulement sur les membres de la même famille, elle s'étend encore sur toutes les personnes portant le

1. Voir El Ktab *des lois secrètes de* l'amour.

même nom et n'ayant entre elles aucun lien de parenté.

L'Église considère également comme un fait incestueux le coït entre un confesseur et sa pénitente.

Du sacrilège

L'Église entend par ce mot la violation d'une chose sacrée par un acte vénérien ou charnel.

Ce péché est d'autant plus grave que le coupable s'adresse à l'honneur de Dieu même par sa pollution d'une chose sacrée.

Tels sont les cas de relations charnelles entre un prêtre et une religieuse, entre celle-ci et un laïque, entre une femme et un prêtre.

Le péché d'impureté commis par un religieux-profès est plus grand que celui d'une personne qui n'a promis de garder la chasteté que par un vœu simple.

C'est ce qu'exprime très bien Collet, quand il dit : « Je pense qu'un homme qui aurait forniqué alors qu'il est à la fois dans les ordres religieux et prêtre, devrait en confession déclarer ces deux circonstances : En effet, il viole doublement sa double consécration.

Le sacrilège charnel est commis par la copulation ou l'effusion volontaire quelconque du sperme humain dans le lieu saint. Or, par le mot « lieu saint » on entend, d'après les théologiens, tout lieu béni par l'évêque et destiné aux offices divins, depuis le toit intérieur jusqu'au pavé. Les cimetières sont également des lieux saints.

La sacristie, l'atrium, la tour ou clocher, les oratoires privés, non sacrés ou bénis, ne sont pas réputés lieux saints.

L'acte conjugal consommé dans un lieu saint, même commis en secret, est dans l'esprit de l'Église un sacrilège, bien que plusieurs théologiens affirment le contraire. Surtout, disent-ils, lorsque les époux sont enfermés depuis longtemps dans l'église.

Comme le fait peut arriver en temps de guerre ou en temps de siège.

Quoique de moindre importance, les regards, les entretiens obscènes, les baisers, les attouchements, même sans qu'il y ait danger prochain de pollution, doivent être considérés comme des péchés incestueux.

Le fait de se servir, dans un dessein de luxure,

d'objets sacrés consacrés au culte divin comme : vase, liquide, linge, etc., est un horrible sacrilège.

Quelques théologiens vont même jusqu'à considérer le coït conjugal, pratiqué le dimanche ou un jour férié, comme un péché mortel ; mais beaucoup d'autres prétendent que le cas n'est pas mortel et que, par conséquent, il n'est pas nécessaire de le déclarer. — Mgr Bouvier.

Les théologiens consacrent généralement après cette question de l'inceste quelques paragraphes concernant les prêtres qui excitent à des passions honteuses. L'opinion générale est qu'il faut dénoncer à leur supérieur les prêtres coupables de ces excitations.

Les différentes manières de révélation sont indiquées avec un luxe de précautions qui doivent mettre le révélateur à l'abri de tout soupçon.

Enfin, disent-ils, il faut bien se garder d'ajouter témérairement foi aux femmes qui accusent un prêtre au tribunal même de la pénitence : On en a souvent vu calomnier atrocement des ecclésiastiques innocents, par envie, haine, jalousie, ou tout autre motif pervers.

C'est ainsi que l'Église traite, dans leurs grandes lignes, tout ce qui a trait à l'adultère, à l'inceste et au sacrilège.

CHAPITRE VII

Des promesses de mariage et de la luxure non consommée.

SOMMAIRE. — La promesse de mariage est-elle valable? — Opinions théologiques. — La décision du pape Grégoire IX. — Le résumé du P. Debreyne. — L'Église si sévère, si partiale, dans la question des promesses faites pour tromper une jeune fille ou une femme, est plus humaine, plus juste dans ses considérations sur le sort des enfants naturels. — De la luxure non consommée. — Qu'est-ce que la *délection morose ?* — Sa définition par saint Thomas. — Les désirs, les plaisirs, la sensation et le consentement. — Exemples — Des baisers et des attouchements. — *Distinguo.* — Baisers, péchés mortels; baisers simples. — Des regards, de la parure des femmes et des livres ou chansons obscènes. — Situation des marchands et des libraires. — Le bal et la danse. — Le sort des musiciens et des artistes. — Anathèmes sur anathèmes. — Résumé.

Avant de parler de ce que l'Église appelle *luxure non consommée,* nous devons dire un mot sur les promesses de mariage, dont beaucoup d'hommes sont trop coutumiers quand ils veulent séduire une jeune fille ou une femme.

Cet acte, que tout honnête homme doit considérer comme une infamie, quand il est accompli avec une simple pensée de séduction, quand le séducteur ne fait sa promesse qu'avec l'arrière-idée de ne pas la tenir, est envisagé par l'Église comme un fait n'engageant nullement le prometteur.

Sur ce point, sa doctrine est formelle. Elle est ici aussi injuste, aussi partiale que le Code civil. Encore celui-ci se montre-t-il quelquefois humain dans l'application de ses arrêts.

L'Église, elle, est inexorable, sous prétexte « qu'une cause est illicite quand elle est contraire aux bonnes mœurs ou prohibée par les lois soit divines, soit ecclésiastiques, soit civiles. » C'est ainsi qu'on doit regarder comme nul l'engagement de commettre un crime, une action contraire à la morale évangélique, etc. (1).

Le pape Grégoire IX a lui-même déclaré que *la promesse d'une chose honteuse ou qu'il est*

1. Mgr Gousset, *De la cause des contrats*, Tome I.

impossible d'accomplir en fait ou en droit est un pacte honteux ne donnant naissance à aucune obligation.

Or, l'Église considérant la promesse de mariage, faite dans les conditions que nous avons indiquées, comme *une chose honteuse*, déclare, sous prétexte de mettre un frein à la fornication, que le coupable n'est pas tenu d'exécuter sa promesse.

Saint Liguori, après avoir adhéré au sentiment de quelques théologiens, déclarant que le séducteur est obligé d'épouser celle qu'il a séduite ou de *réparer le dommage qu'il lui a causé*, convient que de semblables promesses — promesses de mariage — sont immorales et qu'à ce titre on doit les regarder comme absolument nulles dans la pratique.

Cette opinion est également celle de Collet qui s'exprime ainsi : « Lorsque, une jeune fille se sera laissé séduire sous promesses de mariage, même confirmées par serment, il est bon que l'évêque ne tienne aucun compte de ces promesses, dont le seul but, au fond, est de faciliter la débauche. » C'est également la pensée de M. Carrière et de l'auteur de *l'Examen rai-*

sonné sur les Commandements de Dieu (Tome I, chap. 7). C'est aussi le sentiment de MM. Lionnet (*Traité de la Justice et du Droit*, Lyon 1834), cité par M. Rousselot, dans le passage suivant : « Celui qui est arrivé à déflorer une fille par l'appât d'une promesse, même sincèrement faite, n'est tenu à rien ; il n'est pas tenu davantage à quoi que ce soit, lorsqu'il a employé la violence, et encore moins lorsqu'il n'a fait qu'une promesse purement et simplement, car un contrat n'est pas obligatoire lorsqu'il a été contracté sous condition honteuse. »

« Si l'on objecte, dit le Père Debreyne, que cette doctrine rendra les séducteurs plus hardis à faire des promesses de mariage, sachant qu'ils ne sont point obligés à les tenir, on peut toujours répondre que les filles pourront également profiter de cette connaissance pour ne pas se laisser séduire par des promesses vaines et illusoires et ainsi il y aura compensation.

Si nous avons sévèrement blâmé l'Église dans sa doctrine sur la valeur des promesses de mariage, doctrine sous laquelle perce l'influence de celle du péché originel, nous devons reconnaître qu'elle est plus humaine et plus juste en ce qui concerne l'enfant issu des relations obtenues par la promesse de mariage. « Cependant, dit Mgr Gousset, si la jeune fille séduite avait un enfant des œuvres de son séducteur, qu'il y ait eu promesse ou non, le séducteur doit l'épouser afin de prévenir le scandale, assurer le sort de l'enfant et réparer ainsi, autant que possible, la faute dont il s'est rendu coupable. Il ne serait dispensé de cette obligation, qui est purement morale, qu'autant que ce mariage, faute d'être convenablement assorti, — encore un de ces fameux *distinguo* dont l'Église est si prodigue ! — ne pourrait avoir que des suites fâcheuses. En tout cas, s'il y a un enfant, le père et la mère sont tenus solidairement, chacun suivant ses moyens, de pourvoir à son éducation, jusqu'à ce qu'il puisse se suffire à lui-même.

« Dans le cas où le séducteur aurait eu recours à la violence ou à la fraude, l'éducation de l'enfant serait principalement à sa charge. »

Sous le titre de :

Luxure non consommee

l'Eglise entend parler des actes *peccamineux* n'allant pas jusqu'à la pollution ou à l'évacuation du sperme. Ces actes peuvent se réduire en six paragraphes :

1° Désirs ou pensées impures ;

2° Attouchements déshonnêtes, baisers, regards, etc., etc. ;

3° Paroles et discours impudiques ;

4° Parure des femmes ;

5° Danses et bals ;

6° Livres obscènes, spectacles, etc.

Nous ne suivrons pas la théologie dans tous les nombreux détails que ces écrivains donnent sur toutes ces questions. Nous nous contenterons de les résumer afin de ne pas doubler les pages de ce livre, car, ici, les écrivains ecclésiastiques sont d'une prolixité étonnante.

Ce qu'on peut dire de plus clair, c'est que les théologiens s'appuient, dans tout ce qui touche à la luxure non consommée, sur ce passage des *Proverbes* : « Dieu a en horreur les pensées mauvaises », et sur celui de la *Sagesse* : « Les pensées perverses nous éloignent de Dieu. »

« C'est ainsi, comme le dit le Père Debreyne, que, si l'on désire l'accouplement avec une femme libre, ce désir prend la malice de la fornication ; avec une femme mariée, celle de l'adultère ; avec une femme consacrée à Dieu, celle du sacrilège. »

Saint Thomas a donné le nom de *délection morose* à l'état de la pensée d'un acte impur, simple travail de l'imagination, sans qu'il s'en suive le désir de commettre cet acte. C'est, en fait, une *délectation contemplative*, en opposition avec le *désir actif*, tel que celui de forniquer avec telle ou telle personne.

Pendant que le désir se rapporte à l'avenir, le plaisir se rapporte au passé ; « c'est alors, dit Mgr J.-B. Bouvier, comme une jouissance que vous procure le seul souvenir d'une action mauvaise : par exemple, lorsque vous vous rappelez un coït auquel vous vous êtes livré jadis, ou certains propos licencieux que vous auriez tenus. »

Les théologiens établissent des différences très nombreuses entre *sentir* et *consentir* : l'un, disent-ils, nous est souvent nécessaire, et par conséquent ne nous met pas en état de péché; l'autre, au contraire, dépend de notre volonté. Ils résument cette doctrine par la question et les réponses qui suivent :

Demande: Les personnes mariées, les veuves, ont-elles le droit de se complaire dans la pensée d'un acte charnel à venir ou passé?

1° Les fiancés et les veufs ne pèchent pas en pensant au plaisir qui est la conséquence de l'acte vénérien, ni en prévoyant qu'ils éprouveront ce plaisir ou en se souvenant qu'ils l'ont éprouvé; car il est évident que ce n'est ici qu'une simple notion d'un plaisir et non le plaisir trouvé dans l'acte lui-même.

Si donc le péché existe, ce n'est certainement que dans le danger où l'on se place de le commettre un jour. Or, comme ce danger peut être grand, petit ou même nul, le péché, par voie de conséquence, est nul, petit ou grand.

2° Il est fort probable que les fiancés ou les personnes veuves pèchent mortellement lorsqu'elles se complaisent dans cette délectation charnelle que produit sur les sens la prévision d'un coït futur ou le souvenir d'un coït passé : car elles se figurent accomplir au moment même l'acte charnel et c'est volontairement qu'elles y prennent plaisir. Or, l'acte charnel s'accomplissant actuellement est, à l'égard de ces personnes, une fornication puisqu'elles ne sont pas mariées.

3° Le mari qui, sa femme étant absente, prend plaisir à l'idée de l'acte charnel comme s'il l'accomplissait à l'instant même où il y pense, commet, cela est fort probable, un péché mortel, surtout si les esprits génitaux en sont gravement agités, non d'ailleurs, parce qu'il se complaît dans la jouissance fictive d'une chose qui lui est défendue, mais seulement parce qu'il s'expose au danger grave d'éjaculation.

Mais de nombreux théologiens affirment que le mari, lorsqu'il se complaît dans la pensée de l'acte vénérien à venir ou passé, ne pèche que véniellement, pourvu qu'il ne se mette pas en danger d'éjaculation. Tel est l'avis de *Sanchez*, *Bonacina*, *Lessius*, *Cajetan*, *La Croix*, *Suarez*, *saint Liguori*, etc.

D'autres, il est vrai, prétendent que, moralement parlant, il y a toujours en telle occurrence péché mortel, tant à cause du danger d'éjaculation qu'à cause de l'agitation désordonnée des esprits génitaux ; car ce sont là des troubles graves que ne saurait justifier même une foi légitime. — *Navarrus, Azor, Vasquez, Layman, Hémo, le Père Antoine, Collet*, etc.

Donc les personnes mariées qui, se complaisant dans de pareils désirs, ne retiennent pas leur imagination vagabonde, sont absolument blâmables.

Ceci dit, examinons quelle est la pensée de l'Église sur les *baisers*, les *attouchements*, les regards déshonnêtes, la parure des femmes, les chansons et livres obscènes, la danse et les spectacles.

« Celui qui regardera une femme pour la désirer, a déjà forniqué dans son cœur », a dit saint Mathieu.

Si donc le désir seul est un acte coupable à des degrés divers, ainsi que nous l'avons vu plus haut, que doit-il en être des attouchements déshonnêtes et des baisers donnés luxurieusement ?

La réponse est indiquée même par l'interrogation : Ce sont là autant de péchés plus ou moins mortels suivant l'état d'âme de celui qui opère.

Toute la difficulté est de savoir si les baisers, les attouchements et même les regards impudiques peuvent être dits libidineux et charnels quand ils ne tendent pas au coït, même si on en a la faculté.

A cette question générale les uns répondent en déclarant qu'il n'y a dans ces faits qu'un péché véniel ; car, disent-ils, saint Mathieu parle du regard que l'on adresse à une femme pour la désirer et non pour s'en délecter simplement la vue ; les autres déclarent, conformément à l'opinion soutenue par les plus grands Pères de l'Église, saint Ambroise, saint Cyprien, saint Jérôme, saint Augustin, saint Antoine, par le pape Alexandre VII et saint Thomas que tous les actes en question pratiqués en dehors du mariage, sont des péchés mortels, comme le serait le coït lui-même.

Saint Thomas, attaquant les arguments de la première opinion, celle qui ne fait de ces actes que des péchés véniels, les réfute en rappelant à ceux qui les soutiennent qu'il n'y a point de légèreté de matière en fait de fornication, que les actes dont il s'agit tendent prochainement et directement à la copulation qui est leur but définitif, et que lâcher les rênes aux jeunes gens en cette matière, ce serait encourager le libertinage et compromettre le bonheur des unions légitimes.

Brodant sur le tout, le Père Debreyne ajoute : « Tout attouchement déshonnête ou exercé avec une intention libidineuse sur soi ou sur autrui, est un péché mortel, tant pour celui qui touche que pour celui qui souffre l'attouchement volontairement et libidineusement, surtout si l'attouchement a lieu dans les parties vénériennes ou voisines, même par-dessus les vêtements, même par jeu, légèreté, curiosité, ou sans cause juste et raisonnable, surtout entre personnes adultes.

« Sont également péchés mortels les baisers même honnêtes en apparence, mais motivés par la passion, donnés ou reçus entre grandes personnes du même sexe ou de sexes différents.

« On ne peut excuser du péché mortel, le baiser de bouche à bouche, dit encore le Père Debreyne, s'il se prolonge avec délectation, et surtout s'il est accompagné de l'introduction de la langue, comme dit *Billuart* ; s'il se prolonge avec une vive délectation, ou qu'il se répète plusieurs fois en mordillant et suçant les lèvres, ou s'il est *colombinum*, en mettant la langue dans la bouche de l'autre ; fait de cette sorte, même par jeu ou légèreté, ou même pour prouver l'amitié, ce baiser semble influer gravement sur la concuration charnelle, et, par conséquent, ne peut être excusé de péché mortel. C'est aussi l'avis de saint Liguori. De même si les baisers sont faits sur des parties insolites, comme la poitrine, etc. ; on doit les regarder comme libidineux, ou au moins comme entraînant un grand danger de libertinage, et, par conséquent, comme péché mortel. »

Bouvier, lui, dit : « Il est certain qu'on doit regarder comme péché mortel, les baisers même décents qui vous mettraient en danger prochain d'éjaculation, ou tout au moins provoqueraient en vous des mouvements de passion violente ; à moins que, par le plus singulier des hasards, vous soyez absolument forcés de donner de tels baisers ou de les recevoir ; mais, s'exposer à ce danger, sans qu'il vous soit possible d'avoir pour excuse une nécessité plus urgente, c'est incontestablement commettre un péché mortel. »

Naturellement tous ces cas doivent être déclarés en confession par le pénitent.

Et comme l'Église ne saurait exister sans la souplesse accommodante que lui procurent ses nombreux *distinguo*, ainsi que nous l'avons déjà si souvent fait remarquer, les confesseurs basent leur pratique par les passages suivants empruntés à Mgr. J.-B. Bouvier :

« 1° On ne doit pas accuser de péché mortel celui qui, recherchant une jeune fille en mariage, l'embrasse honnêtement chaque fois qu'il arrive ou qu'il la quitte sans se mettre en danger de mouvements passionnés, ou du moins, sans qu'il y ait danger d'y consentir ; à plus forte raison ne péchera-t-il pas s'il y a motif de faire cet acte de politesse, sans lequel il aurait à craindre de passer pour ridiculement scrupuleux ou original et d'être la risée et le jouet des autres personnes.

« 2° Le même motif nous fait excuser une jeune fille qui ne saurait, sans devenir un objet de risée ou risquer de déplaire à son fiancé, refuser tous les baisers honnêtes que lui demande le jeune homme dont elle est recherchée en vue du mariage.

« 3° Il ne faut pas, à la légère, accuser de péché grave, les jeunes gens de l'un et l'autre sexe, qui, dans certains jeux, s'embrassent décemment et sans y entendre malice. Sans doute, vous agirez prudemment si vous cherchez à les détourner d'une telle manière de s'amuser, mais dans l'intérêt même de leur salut, il importe, plus que je ne saurais dire, de ne pas les supposer, étourdiment, coupables de péché mortel. »

En somme l'Église n'excuse du péché mortel que les baisers paternels, maternels, filiaux et fraternels, dans le sens honnête de ces termes, et les attouchements suscités par la nécessité, par exemple ceux auxquels sont obligés dans certains cas, les médecins, les servantes, les nourrices, etc., etc.

Billuart, à propos des nourrices, va jusqu'à dire qu'elles ne commettent qu'un péché véniel en touchant les parties pudiques des enfants, soit par curiosité, soit par légèreté. Mais, observe avec raison le Père Debreyne, ces servantes et ces nourrices font beaucoup plus de mal qu'on ne pense, sinon à elles-mêmes, du moins aux pauvres enfants qu'elles habituent ainsi à la masturbation, sous prétexte d'apaiser leurs cris ou leurs pleurs : « On a vu, continue notre auteur, grâce à ces attouchements, des enfants de l'un et de l'autre sexe livrés à la masturbation, bien qu'ils n'eussent encore que quatre, trois, deux ans et même dix-huit mois. »

En faisant la part du sens moins matériel de la vue, on peut appliquer aux *regards* presque tout ce qui a été dit sur les attouchements.

Les regards libidineux, avec délectation vénérienne, sur un sexe ou sur l'autre, sont toujours des péchés mortels.

Mais ne pèche pas mortellement celui qui, sans affection lubrique, mais par simple curiosité, regarde les parties nues et cependant honnêtes d'un corps de femme, par exemple, les pieds, les jambes, les bras, les épaules ; mais cependant de tels regards, dit Billuart, peuvent facilement devenir mortels si nous nous y complaisons voluptueusement, car ils nous portent alors très facilement au coït.

« Ce n'est pas un péché mortel, dit Mgr Bouvier, de regarder, par simple curiosité, les parties génitales des animaux et d'assister à leur coït, car il n'en résulte pas, d'ordinaire, un grave danger. »

On peut en dire autant, d'après le même auteur, de ceux qui regardent des peintures et des sculptures peu décentes qui ne troublent pas gravement les esprits ; telles sont les images et les sculptures exposées dans beaucoup d'églises et qui représentent des anges ou des enfants nus ou presque nus.

En revanche, les théologiens regardent comme coupables de péchés mortels, les peintres et les sculpteurs qui peignent ou sculptent des œuvres obscènes, ceux qui les mettent en montre et les vendent aux uns et aux autres; les confesseurs doivent leur refuser l'absolution, à moins qu'ils ne promettent les uns de ne plus peindre ou sculpter de telles ignominies, les autres de ne pas les vendre. (P. Debreyne).

Bref, pour résumer cette question, on doit considérer comme simple *péché véniel* le regard dirigé par un sentiment de curiosité, et comme *péché mortel* le regard soumis à la convoitise de la chair.

L'*ajustement et la parure de la femme* occupent une assez large place dans les écrits ecclésiastiques.

Le rédacteur des *Conférences d'Angers* s'est exprimé ainsi à ce sujet: « Nous ne craindrons point de dire qu'encore qu'il n'y ait pas d'immodestie dans les habits des femmes, elles pèchent souvent en se parant avec trop d'ajustements, car elles ne le font que pour être vues, pour paraître belles, pour s'attirer les regards des hommes, pour se les attacher. Elles excitent souvent par là les cajoleries des hommes, et les cajoleries excitent des pensées deshonnêtes d'où naissent plusieurs mauvais effets. Quand même elles ne porteraient pas les hommes à l'impureté, elles seraient au moins coupables d'une vanité manifeste; si elles n'étaient pas tant infatuées de leur beauté, elles s'apercevraient que leur vanité, bien loin de leur attirer l'estime des hommes, leur attire le mépris intérieur, quelque complaisance que les hommes leur témoignent. »

Les personnes non encore mariées et les veuves qui aspirent au mariage, ne pèchent pas si elles se parent avec décence et selon leur état et condition afin de plaire chastement à l'homme qu'elles veulent épouser; mais il n'en est pas de même des personnes non mariées et qui ne veulent pas se marier : celles-là pèchent mortellement en se parant avec l'intention d'inspirer de l'amour aux hommes. Si, néanmoins, il n'y a en cela qu'un motif de légèreté, de vanité, de frivolité ou de vaine gloire, il n'y a ordinairement que péché véniel. Telle est du moins la thèse soutenue par saint Thomas, Sylvius, Billuart et Bouvier.

L'usage des fards, des parfums, des bijoux, celui des coiffures, des perruques et autres procédés de toilette, tombent dans les mêmes errements. Ils sont péchés véniels ou mortels, suivant le but que se proposent celles qui en usent.

Le fait de porter des vêtements d'un autre sexe, est, suivant saint Thomas, un péché mortel ou une simple chose vicieuse, selon l'état d'âme de celle ou de celui qui s'en revêt.

Il en est de même du port des masques.

Les femmes qui découvrent trop leur gorge tombent dans le même cas : elles commettent soit un péché véniel, soit un péché mortel, suivant qu'elles agissent avec plus ou moins de lubricité.

Celles qui usent de moyens artificiels pour diminuer ou accentuer davantage les protubérances de leur corps, sont soumises aux mêmes lois.

Les *paroles*, les *discours*, les *chansons déshonnêtes* ou *obscènes*, ou même à double sens, sont des péchés mortels, conformément à la doctrine posée par saint Paul dans ses épîtres aux Corinthiens et aux Hébreux (1) ; mais, dans la pratique des confesseurs, il faut encore se laisser guider par les *distinguo* qui dominent toute la doctrine de l'Église sur ces questions, comme sur les autres.

Plus heureux que les marchands de nudités — dessins ou statues — les libraires qui vendent des romans, des chansons et des pièces plus ou moins lestes, ne commettent pas de péché mortel. Tout au plus peut-on les taxer de péché véniel.

Les *bals* et la *danse* sont en très mauvaise posture devant l'Église, surtout les jours saints.

1. « Que la fornication ni aucune impureté, ni aucune parole déshonnête, ni bouffonnerie, ni plaisanterie, qui sont des choses malséantes, ne soient dites parmi vous. » (V. aux Hébreux : 3-4).

Elle se montre, dans ces cas, plus sévère que saint Augustin, qui avait eu le bon esprit d'écrire ce qui suit au sujet du désordre des mœurs qui existaient de son temps :

« *Ce n'est pas, autant que je puisse en juger, par la sévérité et la dureté, pas même par des moyens impérieux, qu'on peut mettre un terme à ces choses-là ; c'est plutôt en instruisant qu'en ordonnant, plutôt par les conseils que par les menaces. C'est ainsi, en effet, qu'on doit en agir avec le grand nombre et ce n'est qu'avec un petit nombre de pécheurs qu'il faut employer la sévérité.* »

Les théologiens sont formels dans leur jugement à l'égard des bals et des danses ; mais la sévérité de leur doctrine sait encore se plier ici aux exigences des sociétés mondaines et, comme toujours, trouve moyen, par ses *distinguo*, de transformer le péché mortel en péché véniel.

Où, par exemple, elle est intangible, c'est en ce qui touche les industriels à la tête de bals publics.

Pour ceux-ci, il n'y a pas de péché véniel : ils sont, bel et bien, tous coupables de péché mortel et les confesseurs doivent impitoyablement leur refuser l'absolution.

Les musiciens qui, par profession, conduisent les danses dans les établissements publics, sont soumis aux mêmes anathèmes.

Après toutes ces condamnations, Mgr Bouvier se montre plus accessible à l'indulgence envers ceux qui fréquentent ces établissements publics : « Il n'oserait pas, dit-il, regarder comme coupables de péché mortel ceux qui, quelquefois seulement, comme par exemple au temps de la moisson et du carnaval, se livreraient aux plaisirs de la danse.

« Je vais plus loin, continue-t-il ; rigoureusement, je ne croirai pas devoir refuser l'absolution à ceux qui dansent quelquefois dans ces réunions publiques vulgairement dites *assemblées*, et j'engage les confesseurs à les excuser, sinon de tout péché, au moins de péché mortel... Mais, en revanche, je ne trouve aucune excuse pour les musiciens dont le métier est de jouer dans ces sortes de réunions, parce que, sans raisons suffisantes, ils donnent à de nombreuses personnes l'occasion de pécher. »

Que dirons-nous maintenant des *spectacles*,

des *représentations scéniques* et des *artistes ?*

Mon Dieu ! tout ce que nous avons dit jusqu'ici sur les différents sujets qui forment ce chapitre.

Il y a là beaucoup de mauvais ; très peu de bon ; une grande quantité de péchés véniels et passablement de péchés mortels.

Et les auteurs ? ceux qui composent des pièces de théâtre, analogues à celles dont on nous sature depuis quelques années, sous le fallacieux prétexte *d'études de mœurs ?* Nous dirons qu'ils pèchent mortellement suivant le sentiment des théologiens les moins suspects de rigorisme en cette matière, c'est-à-dire suivant saint Antonin, saint Liguori, Sylvestre, Sanchez, Bouvier, Gousset, Debreyne, etc., etc.

« On pèche encore mortellement, dit ce dernier auteur, en concourant ou en coopérant à une représentation notablement indécente, *valde turpis*, soit par souscription ou abonnement, soit par applaudissement ou même par simple assistance à ces spectacles. »

Quant aux artistes, acteurs et actrices, ils ne peuvent obtenir l'absolution, même à l'article de la mort, s'ils ne renoncent à leur profession.

Sauret, suivant Collet, rapporte que dix docteurs de Sorbonne, ayant été consultés en 1694, sur cette matière, décidèrent qu'on devait refuser l'absolution :

1° Aux acteurs qui s'exhibent sur les planches ;

2° Aux auteurs qui écrivent spécialement des pièces de théâtre ;

3° A tous ceux qui auront plus ou moins conseillé de fréquenter les théâtres.

Mais, nous devons ajouter que depuis cette époque, l'Église ayant mis beaucoup d'eau dans son vin, les confesseurs modernes savent, à l'aide de leurs subtiles *distinguo*, accorder à tous ces coupables les indulgences que leur refusaient les confesseurs qui vivaient à l'époque où l'Église dominait en maîtresse absolue dans les principaux États européens.

Résumé.

Telles sont les grandes lignes de la doctrine professée par l'Église catholique, apostolique et romaine, sur toutes les questions concernant ce sentiment universel qui s'appelle l'*amour* ; sur ce sentiment qui existe en tous lieux et domine encore le monde nouveau comme il a dominé l'ancien.

Pour être absolument complet, nous devrions parler de l'amour dans et par le mariage comme nous venons de le faire pour *l'amour libre*, c'est-à-dire en dehors du seul mariage reconnu par l'Église.

Mais cette question est si vaste, les auteurs ecclésiastiques lui ont consacré tant de volumes, elle renferme tant de péchés mortels et de *distinguo*, que nous avons cru bien faire en lui consacrant, à notre tour, le volume qui suivra celui-ci, sous le titre :

L'Église et le Mariage.

Si, en effet, nous avions suivi notre première inspiration, qui était de traiter toutes ces questions dans ce premier volume de *l'Église et l'Amour*, il nous eût fallu abréger à ce point tout ce que nous avons résumé synthétiquement, que notre ouvrage fût devenu incompréhensible, non seulement pour la masse de nos lecteurs, mais encore pour ceux ayant une teinture de toutes les matières que nous avons traitées.

CHAPITRE VIII

Le Cantique des Cantiques

Ce cantique, car c'en est bien un avec des formules — refrains qui reviennent fréquemment, comme dans nos joyeuses chansons françaises du dernier siècle, — ce cantique, attribué à Salomon, le roi aux sept cents femmes, a donné naissance à de nombreuses discussions et à de plus nombreux écrits.

Des commentaires d'Origène jusqu'à Renan, dont la réputation d'exégète a été si surfaite par les opposants à l'Empire et nos modernes révolutionnaires, il est peu de théologiens et de critiques qui n'aient consacré une partie de leur temps à ce poème érotique, où abondent les peintures lascives et les images voluptueuses.

Appelé par les Hébreux *Sir-Hasirim,* ce cantique, auquel les Protestants attachent beaucoup moins d'importance que les Catholiques, a été tour à tour considéré comme une œuvre mystique, représentant l'union de Jésus-Christ avec son Église, et comme une œuvre érotique, due à l'imagination enfiévrée de Salomon.

Ainsi qu'il est facile de le remarquer dans le livre de l'*Ecclésiaste,* attribué également à Salomon, où plusieurs passages paraissent avoir été interpolés par des mains étrangères, assez maladroites, le *Cantique des cantiques,* dont plusieurs passages diffèrent sensiblement suivant qu'ils sont lus dans le texte hébreu ou dans les textes grec et latin, porte les traces d'un travail postérieur à l'auteur présumé, et présente, par le fait de ce travail, un décousu qui choque au premier abord.

Les Juifs avaient eu la sagesse de n'autoriser la lecture de ce poème étrange, dont l'auteur, s'il était moderne, serait vite classé parmi les pornographes les plus en vue, qu'aux hommes parvenus à un âge avancé.

Suivant d'assez près cet usage judaïque, les Catholiques, sous prétexte que le sens spirituel de ce cantique échappait à la compréhension des âmes charnelles, en prohibèrent la lecture aux nouveaux chrétiens et aux fidèles d'un jeune âge.

Ce qui est certain, c'est que les chapitres hébraïques 3, 4, 5, 6 et 7, sont à peu près intraduisibles dans notre langue.

Renan, qui avait été frappé par le décousu de ce poème et par l'érotisme matérialiste de ses chapitres, a cherché à y introduire un peu d'ordre et de chasteté, mais, malgré tout son esprit, malgré les grâces de son style, il n'est parvenu qu'à créer une fantaisie d'artiste apte à se mouvoir à l'aise dans une traduction de *chic*. L'œuvre de Salomon est devenue entre ses mains un agréable petit drame auquel il ne manque plus que d'être représenté sur une de nos scènes.

Il se peut qu'il ait charmé les « amateurs de l'art antique » à qui Renan s'est proposé, dit-il, en terminant sa préface, de « montrer dans la chaste nudité l'image devenue sainte, » mais ce qui est certain, c'est que la lecture de cet essai a fait sourire plus d'un sérieux exégète.

Nous avons pensé qu'il était bon, en terminant ce travail sur l'ÉGLISE ET l'AMOUR, de donner le texte complet du *Cantique des cantiques* tel qu'il se trouve dans la Bible catholique, traduite de la Vulgate par Le Maistre de Sacy.

Si nous avons donné de préférence cette traduction à celle d'Ostervald — Bible protestante — et à celle des traducteurs de la Bible anglicane, c'est que nous avons voulu enlever aux Catholiques le prétexte de nous accuser soit de parti pris, soit de traduction incomplète. Nous ferons seulement remarquer que tous ces traducteurs ont ajouté de leur propre autorité les mots « *de la porte* » qui n'existent pas dans l'original.

Il est vrai que Renan a rendu le mot hébreu par celui de « *fenêtre* », qui n'est pas plus exact que le mot « *porte* ».

Nos lecteurs remarqueront sans peine que ce long poème érotique, dont beaucoup de théologiens, à l'imitation d'Origène, de saint Grégoire de Nysse, de saint Grégoire le Grand et de saint Bernard, ont voulu faire un poème mystique en faveur de l'union parfaite de Jésus-Christ avec son Église, ne contient nulle part le nom ou l'idée de Dieu et qu'il est soumis, comme tous les autres livres de l'*Ancien* et du *Nouveau Testament*, aux décisions du Concile de Trente, qui oblige les fidèles à accepter ces livres tels qu'ils sont dans la Vulgate, sans y *rien modifier* et sans y apporter d'autres interprétations que celles que possède grammaticalement chaque mot des textes de la traduction latine de saint Jérôme.

Au surplus, nous couperons court à toutes ces interprétations de fantaisie et d'imagination en terminant ce livre, comme nous l'avons commencé, par le rappel de la décision du décret du célèbre Concile de Trente :

« *Que si quelqu'un ne reçoit pas pour sacrés et canoniques tous ces livres entiers avec tout ce qu'ils contiennent, tels qu'ils sont en usage dans l'Église catholique et tels qu'ils sont dans l'ancienne édition Vulgate latine, qu'il soit anathème !* »

Et maintenant laissons la parole à la traduction de Le Maîstre de Sacy :

CANTIQUE DES CANTIQUES DE SALOMON

Chapitre I

L'ÉPOUSE

1. Qu'il me donne un baiser de sa bouche : car vos mamelles sont meilleures que le vin.

2. Et elles ont l'odeur des parfums les plus précieux. Votre nom est comme une huile qu'on a répandue ; c'est pourquoi les jeunes filles vous aiment.

3. Entraînez-moi après vous ; nous courrons à l'odeur de vos parfums. Le roi m'a fait entrer dans ses appartements secrets. *C'est là* que nous nous réjouirons en vous, et que nous serons ravis de joie, en nous souvenant que vos mamelles sont meilleures que le vin. Ceux qui ont le cœur droit vous aiment.

4. Je suis noire, mais je suis belle, ô filles de Jérusalem, comme les tentes de Cédar, comme les pavillons de Salomon.

5. Ne considérez pas que je suis devenue brune, car c'est le soleil qui m'a ôté ma couleur. Les enfants de ma mère se sont élevés contre moi. Ils m'ont mise dans les vignes pour les garder, et je n'ai pas gardé ma propre vigne.

6. O vous qui êtes le bien-aimé de mon âme, apprenez-moi où vous menez paître *votre* troupeau, où vous vous exposez à midi, de peur que je ne m'égare en suivant les troupeaux de vos compagnons.

L'ÉPOUX

7. Si vous ne le savez pas, ô vous qui êtes la plus belle d'entre les femmes, sortez, suivez les traces des troupeaux, et menez paître vos chevreaux près des tentes des pasteurs.

8. O vous qui êtes mon amie, je vous compare à la beauté de mes chevaux attachés au char de Pharaon.

9. Vos joues ont la beauté de la tourterelle, et votre cou est comme de riches colliers.

10. Nous vous ferons des chaînes d'or marquetées d'argent.

L'ÉPOUSE

11. Pendant que le roi se reposait, le nard dont j'étais parfumée a répandu sa *bonne* odeur.

12. Mon bien-aimé est pour moi *comme* un bouquet de myrrhe; il demeurera entre mes mamelles.

13. Mon bien-aimé est pour moi *comme* une grappe de raisin de Cypre dans les vignes d'Engaddi.

L'ÉPOUX

14. Oh que vous êtes belle, ma bien-aimée ! Oh que vous êtes belle ! Vos yeux sont comme les yeux de colombes !

L'ÉPOUSE

15. Que vous êtes beau, mon bien-aimé ! Que vous avez de grâces et de charmes ! Notre lit est couvert de fleurs.

16. Les solives de nos maisons sont de cèdre, nos lambris sont de cyprès.

Chapitre II

L'ÉPOUX

1. Je suis la fleur des champs et je suis le lis des vallées.

2. Tel qu'est le lis entre les épines, telle est ma bien-aimée entre les filles.

L'ÉPOUSE

3. Tel qu'est un pommier entre les arbres des forêts, tel est mon bien-aimé entre les enfants

des hommes. Je me suis reposée sous l'ombre de celui que j'avais *tant* désiré, et son fruit est doux à ma bouche.

4. Il m'a fait entrer dans le cellier où il met son vin ; il a réglé dans moi mon amour.

5. Soutenez-moi avec des fleurs, fortifiez-moi avec des fruits, parce que je languis d'amour.

6. Il met sa main gauche sous ma tête, et il m'embrasse de sa main droite.

L'ÉPOUX

8. Filles de Jérusalem, je vous conjure par les chevreuils et par les cerfs de la campagne de ne point réveiller celle que j'aime, et de ne la point tirer de son repos, jusqu'à ce qu'elle s'éveille d'elle-même.

L'ÉPOUSE

8. J'entends la voix de mon bien-aimé ; le voici qui vient sautant au-dessus des montagnes, passant par-dessus les collines.

9. Mon bien-aimé est semblable à un chevreuil, et à un faon de biche. Le voici qui se tient derrière notre muraille, qui regarde par

les fenêtres, qui jette sa vue au travers des barreaux.

10. Voilà mon bien-aimé qui me parle et qui me dit : Levez-vous, hâtez-vous, ma bien-aimée, ma colombe, mon unique beauté, et venez.

11. Car l'hiver est déjà passé; les pluies se sont dissipées, et ont cessé entièrement.

12. Les fleurs paraissent sur notre terre; le temps de tailler la vigne est venu; la voix de la tourterelle s'est fait entendre dans notre terre.

13. Le figuier a commencé à pousser ses premières figues ; les vignes sont en fleurs, et on sent la bonne odeur qui en sort. Levez-vous, ma bien-aimée, mon unique beauté et venez.

14. Vous qui êtes ma colombe, vous qui vous retirez dans les creux de la pierre et dans les enfoncements de la muraille, montrez-nous votre visage, que votre voix se fasse entendre à mes oreilles : car votre voix est douce, et votre visage est agréable.

15. Prenez-nous les petits renards qui détruisent les vignes, car notre vigne est en fleurs.

16. Mon bien-aimé est à moi et je suis à lui, et il se nourrit parmi les lis.

17. Jusqu'à ce que le jour commence à paraître, et que les ombres se dissipent peu à peu, retournez, mon bien-aimé, et soyez semblable à un chevreuil, et à un faon de cerf, qui court sur les montagnes de Béther.

Chapitre III

L'ÉPOUSE

1. J'ai cherché dans mon lit durant les nuits celui qu'aime mon âme, je l'ai cherché, et je ne l'ai point trouvé.

2. Je me lèverai, *ai-je dit ensuite,* je ferai le tour de la ville et je chercherai dans les rues et dans les places publiques celui qui est le bien-aimé de mon âme. Je l'ai cherché et je ne l'ai point trouvé.

3. Les sentinelles qui gardent la ville m'ont rencontrée, *et je leur ai dit :* n'avez-vous point vu celui qu'aime mon âme ?

4. Lorsque j'eus passé tant soit peu au delà d'eux, je trouvai celui qu'aime mon âme ; je l'ai arrêté et je ne le laisserai point aller, jusqu'à ce que je le fasse entrer dans la maison de ma

mère, et dans la chambre de celle qui m'a donné la vie.

L'ÉPOUX

5. Filles de Jérusalem, je vous conjure par les chevreuils et par les cerfs de la campagne de ne point réveiller celle qui est la bien-aimée de mon âme et de ne la point tirer de son repos, à moins qu'elle-même ne s'éveille.

LES FILLES DE JÉRUSALEM

6. Qui est celle-ci qui s'élève du désert comme une fumée qui monte des parfums de myrrhe, d'encens, et de toutes sortes de poudres de senteur?

L'ÉPOUX

7. Voici le lit de Salomon environné de soixante hommes des plus vaillants d'entre les forts d'Israël.

8. Qui portent tous des épées, et qui sont tous très expérimentés dans la guerre ; chacun d'eux a l'épée au côté à cause des surprises qu'on peut craindre durant la nuit.

9. Le roi Salomon s'est fait une litière de bois du Liban.

10. Il en a fait les colonnes d'argent et le reposoir d'or ; les degrés pour y monter sont de pourpre, et il a orné le milieu de tout ce qu'il y a de plus précieux, en faveur des filles de Jérusalem.

11. Sortez dehors, filles de Sion, et venez voir le roi Salomon avec le diadème dont sa mère l'a couronné le jour de ses noces, le jour où son cœur a été comblé de joie.

Chapitre IV

L'ÉPOUX

1. Que vous êtes belle, ô mon amie, que vous êtes belle ! Vos yeux sont *comme* ceux des colombes, sans ce qui est caché au dedans. Vos cheveux sont comme des troupeaux de chèvres qui sont montées sur la montagne de Galaad.

2. Vos dents sont comme des troupeaux de brebis tondues, qui sont montées du lavoir, et qui portent toutes un double fruit, sans qu'il n'y en ait de stériles parmi elles.

3. Vos lèvres sont comme une bandelette d'écarlate; votre parler est agréable. Vos joues sont comme une moitié de pomme de grenade, sans ce qui est caché au dedans.

4. Votre cou est comme la tour de David, qui est bâtie avec des boulevards; mille boucliers y sont suspendus, et toutes les armes des plus vaillants.

5. Vos deux mamelles sont comme deux petits jumeaux de la femelle d'un chevreuil, qui paissent parmi les lis.

6. Jusqu'à ce que le jour commence à paraître, et que les ombres se retirent, j'irai à la montagne de la myrrhe, et à la colline de l'encens.

7. Vous êtes toute belle, ô mon amie, et il n'y a point de tache en vous.

8. Venez du Liban, mon épouse, venez du Liban, venez, vous serez couronnée; venez de la pointe du mont d'Amana, du haut des monts de Sanir et d'Hermon, des cavernes des lions, et des montagnes des léopards.

9. Vous avez blessé mon cœur, ma sœur, mon épouse, vous avez blessé mon cœur par l'un de vos yeux et par un cheveu de votre cou.

10. Que vos mamelles sont belles, ma sœur, mon épouse ! Vos mamelles sont plus belles que le vin et l'odeur de vos parfums passe celle de tous les aromates.

11. Vos lèvres, ô mon épouse, sont *comme* un rayon qui distille le miel ; le miel et le lait sont sous votre langue, et l'odeur de vos vêtements est comme l'odeur de l'encens.

12. Ma sœur, mon épouse, est un jardin fermé, et une fontaine scellée.

13. Vos plants forment comme un jardin de délices, rempli de pommes de grenade, et de toutes sortes de fruits de cipre et de nard.

14. Le nard et le safran, la canne *aromatique* et le cinnamome, avec tous les arbres du Liban, *s'y trouvent* aussi bien que la myrrhe et l'aloès, et tous les parfums les plus excellents.

15. *C'est là qu'est* la fontaine des jardins, et le puits des eaux vivantes qui coulent avec impétuosité du Liban.

16. Retirez-vous, aquilon ; venez, ô vent du midi ; soufflez de toutes parts dans mon jardin, et que les parfums en découlent.

Chapitre V

L'ÉPOUSE

1. Que mon bien-aimé vienne dans son jardin, et qu'il mange du fruit de ses arbres.

L'ÉPOUX

Je suis venu dans mon jardin, ma sœur, mon épouse; j'ai recueilli ma myrrhe avec mes parfums; j'ai mangé le rayon avec mon miel; j'ai bu mon vin avec mon lait. Mangez mes amis et buvez; enivrez-vous, vous qui êtes mes très chers *amis*.

L'ÉPOUSE

2. Je dors, et mon cœur veille; *j'entends* la voix de mon bien-aimé qui frappe à *ma porte* (1): Ouvrez-moi, ma sœur, mon amie, ma colombe, vous qui êtes mon *épouse* sans tache, parce que ma tête est pleine de rosée, et mes cheveux de gouttes d'eau qui sont tombées pendant la nuit.

1. Ces mots n'existent pas dans le texte hébreu (P. de R.).

3. Je me suis dépouillée de ma robe : Comment la revêtirai-je ? J'ai lavé mes pieds : Comment pourrai-je les salir de nouveau ?

4. Mon bien-aimé passa sa main par l'ouverture de la porte, et mes entrailles furent émues au bruit qu'il fit.

5. Je me levai *alors* pour ouvrir à mon bien-aimé ; mes mains étaient toutes dégoûtantes de myrrhe, et mes doigts étaient pleins de la myrrhe la plus précieuse.

6. J'ouvris ma porte à mon bien-aimé, en ayant tiré le verrou ; mais il s'en était déjà allé et il avait passé *ailleurs*. Mon âme s'était comme fondue au son de sa voix. Je le cherchai, et je ne le trouvai point ; je l'appelai, et il ne me répondit point.

7. Les gardes qui font le tour de la ville m'ont rencontrée ; ils m'ont frappée et blessée. Ceux qui gardent les murailles m'ont ôté mon manteau.

8. Je vous conjure, ô filles de Jérusalem, si vous trouvez mon bien-aimé, de lui dire que je languis d'amour.

LES COMPAGNES DE L'ÉPOUSE

9. Quel est *celui que vous appelez* votre bien-aimé entre tous les bien-aimés, ô la plus belle d'entre les femmes ? Quel est votre bien-aimé entre tous les autres, au sujet duquel vous nous avez conjurées de cette sorte ?

L'ÉPOUSE

10. Mon bien-aimé éclate par sa blancheur et par sa rougeur ; il est choisi entre mille.

11. Sa tête est *comme* un or très pur. Ses cheveux sont comme les jeunes rameaux des palmiers, et ils sont noirs comme un corbeau.

12. Ses yeux sont comme les colombes *qu'on voit* sur l'eau des ruisseaux, qui ont été *comme lavées* dans du lait, et qui se tiennent le long d'un grand courant d'eau.

13. Ses joues sont comme de petits parterres de plantes aromatiques qui ont été plantées par les parfumeurs. Ses lèvres sont *comme* des lis qui distillent la plus pure myrrhe.

14. Ses mains sont *comme si elles étaient* d'or et faites au tour, et elles sont pleines d'hya-

cinthes. Sa poitrine est *comme* celle d'un ivoire enrichi de saphirs.

15. Ses jambes sont *comme* des colonnes de marbre posées sur des bases d'or. Sa figure est comme celle du mont Liban et il se distingue *entre les autres* comme les cèdres *parmi tous les arbres.*

16. Le son de sa voix a une admirable douceur; et *enfin* il est tout aimable. Tel est *donc* mon bien-aimé, et celui qui est véritablement mon ami, ô filles de Jérusalem !

LES COMPAGNES DE L'ÉPOUSE

17. Où est allé votre bien-aimé, ô la plus belle d'entre les femmes ! Où s'est retiré votre bien-aimé ? et nous l'irons chercher avec vous.

Chapitre VI.

L'ÉPOUSE

1. Mon bien-aimé est descendu dans son jardin, dans le parterre des plantes aromatiques, se nourrir dans ses jardins, et pour y cueillir des lis.

2. Je suis à mon bien-aimé et mon bien-aimé est à moi, lui qui se nourrit parmi les lis.

L'ÉPOUX

3. Vous êtes belle, ô mon amie, et pleine de douceur; vous êtes belle comme Jérusalem, et terrible comme une armée rangée en bataille.

4. Détournez vos yeux de moi, car ce sont eux qui m'ont obligé de me retirer promptement. Vos cheveux sont comme un troupeau de chèvres qui se sont fait voir venant de la montagne de Galaad.

5. Vos dents sont comme un troupeau de brebis qui sont montées du lavoir, et qui portent toutes un double fruit, sans qu'il y en ait de stériles parmi elles.

6. Vos joues sont comme l'écorce d'une pomme de grenade, sans ce qui est caché au dedans de vous.

7. Il y a soixante reines et quatre-vingts femmes du second rang et les jeunes filles sont sans nombre.

8. *Mais* une seule est ma colombe *et* ma parfaite *amie*; elle est unique à sa mère et choisie *préférablement* par celle qui lui a donné la vie.

Les filles l'ont vue et elles ont publié qu'elle est très heureuse; les reines et les autres femmes *l'ont vue*, et lui ont donné des louanges.

9. Quelle est celle-ci qui s'avance comme l'aurore lorsqu'elle se lève, qui est belle comme la lune et éclatante comme le soleil, et qui est terrible comme une armée rangée en bataille?

L'ÉPOUSE

10. Je suis descendue dans le jardin des noyers pour voir les fruits des vallées, pour considérer si la vigne avait fleuri, et si les pommes de grenade avaient poussé.

11. Je n'ai plus su *où j'étais*, mon âme a été troublée dans moi, à cause des chariots d'Aminadab.

12. Revenez, revenez, ô Sulamite; revenez, revenez, afin que nous vous considérions.

Chapitre VII

LES COMPAGNES DE L'ÉPOUSE

1. Que verrez-vous dans la Sulamite, sinon des chœurs de musique dans un camp d'ar-

méo ? Que vos démarches sont belles, ô fille du prince, à cause de *l'agrément* de votre chaussure ! Les jointures de vos jambes sont comme des colliers travaillés par la main d'un *excellent* ouvrier.

2. Votre nombril est *comme* une coupe faite au tour, où il ne manque jamais de liqueur à boire. Votre ventre est comme un monceau de froment tout environné de lis.

3. Vos deux mamelles sont comme deux petits jumeaux de la femelle d'un chevreuil.

4. Votre cou est comme une tour d'ivoire ; vos yeux sont comme les piscines d'Hesebon, situées à la porte du plus grand concours des peuples; votre nez est comme la tour du Liban qui regarde vers Damas.

5. Votre tête est comme le mont Carmel, et les cheveux de votre tête sont comme la pourpre liée et *teinte deux fois* dans les canaux des *teinturiers*.

6. Que vous êtes belle et pleine de grâce, ô vous qui êtes ma très chère, et les délices de mon cœur !

7. Votre taille est semblable à un palmier, et vos mamelles à des grappes de raisin.

8. J'ai dit : Je monterai sur le palmier, et j'en cueillerai des fruits, et vos mamelles seront comme des grappes de raisin, et l'odeur de votre bouche comme celle des pommes.

9. Ce qui sort de votre gorge est comme un vin excellent, digne d'être bu par mon bien-aimé, et longtemps savouré entre ses lèvres et ses dents.

L'ÉPOUSE

10. Je suis à mon bien-aimé, et son cœur se tourne vers moi.

11. Venez, mon bien-aimé, sortons dans les champs, demeurons dans les villages.

12. Levons-nous dès le matin pour aller aux vignes ; voyons si la vigne a fleuri, si les fleurs produisent des fruits, si les pommes de grenade sont en fleur : c'est là que je vous offrirai mes mamelles.

13. Les mandragores ont répandu déjà leur odeur. Nous avons toutes sortes de fruits à nos portes : je vous ai gardé mon bien-aimé, les nouveaux et les anciens.

Chapitre VIII

L'ÉPOUSE

1. Qui me procurera le bonheur de vous avoir pour frère, suçant les mamelles de ma mère, afin que je vous trouve dehors, que je vous donne un baiser, et qu'à l'avenir personne ne me méprise ?

2. Je vous prendrai et je vous conduirai dans la maison de ma mère : c'est là que vous m'instruirez, et je vous donnerai un breuvage d'un vin mêlé de parfums, et un suc nouveau de mes pommes de grenade.

3. Sa main gauche est sous ma tête, et il m'embrasse de sa main droite.

L'ÉPOUX

4. Je vous conjure, ô filles de Jérusalem, de ne point faire de bruit, et de ne point réveiller celle que j'aime, jusqu'à ce qu'elle le veuille elle-même.

LES COMPAGNES DE L'ÉPOUSE

5. Qui est celle-ci qui s'élève du désert toute remplie de délice et appuyée sur son bien-aimé ?

L'ÉPOUX

Je vous ai ressuscitée sous le pommier : c'est là que votre mère s'est corrompue ; c'est là que celle qui vous a donné la vie a perdu sa pureté.

6. Mettez-moi comme un sceau sur votre cœur, comme un sceau sur votre bras, parce que l'amour est fort comme la mort, et que le zèle de l'amour est inflexible comme l'enfer ; ses lampes sont des lampes de feu et de flammes.

7. Les grandes eaux n'ont pu éteindre la charité, et les fleuves n'auront point la force de l'étouffer. Quand un homme aurait donné toutes les richesses de sa maison pour le *saint* amour, il les mépriserait comme s'il n'avait rien donné.

L'ÉPOUSE

8. Notre sœur est *encore* petite, et elle n'a

point de mamelles : Que ferons-nous à notre sœur au jour qu'il faudra lui parler ?

L'ÉPOUX

9. Si elle est *comme* un mur, bâtissons dessus des tours d'argent ; si elle est *comme* une porte, fermons-la avec des ais et des bois de cèdre.

L'ÉPOUSE

10. Je suis moi-même *comme* un mur, et mes mamelles sont comme une tour depuis que j'ai paru en sa présence, comme ayant trouvé *en lui* ma paix.

L'ÉPOUX

11. Le pacifique a eu une vigne dans celle où il y a une multitude de peuples ; il l'a donnée à des gens pour la garder ; chaque homme doit rendre mille pièces d'argent pour le fruit qu'il en retire.

12. Pour ma vigne, elle est devant moi. O Pacifique ! Vous retirerez mille pièces d'argent de votre vigne, et ceux qui en gardent *et en recueillent* les fruits en retireront deux cents.

13. O vous, qui habitez dans les jardins, nos amis sont attentifs à écouter; faites-moi entendre votre voix !

L'ÉPOUSE

14. Fuyez, ô mon bien-aimé ! et soyez semblable à un chevreuil et à un faon de cerf, *en vous retirant* sur les montagnes des aromates.

Fin du Cantique des Cantiques de Salomon.

INDEX DES AUTEURS ET OUVRAGES CITÉS DANS LE COURANT DE CE VOLUME

APPENDICE A

PASSAGE DES CULTES PHALLIQUES A L'ASCÉTISME CHRÉTIEN.

Pompeyo Gener, dans son étude sur l'évolution des idées, préfacée par Littré, après avoir examiné ce qu'avaient été les cultes de la nature, passe à leur transformation chrétienne et s'exprime en ces termes :

« C'est pourquoi la chair qui d'abord avait été l'objet d'un culte, fut dès lors stigmatisée. La nature qu'on avait divinisée devient odieuse. » La transition du culte de la nature à l'ascétisme ne fut pas violente ; elle fut le résultat d'une évolution lente du paganisme qui se transformait en monothéisme, pendant que le christianisme apparaissait comme étant encore en quelque sorte une religion de la nature. La tendance anti-naturaliste, le divorce avec ce monde, triompha plus tard. Le Kristos, cette émanation du Dieu bon des premiers chrétiens alexandrins, à certains égards avait le caractère d'un dieu Phallique, comme Adou, Tammuz et Osiris. Les premiers chrétiens alexandrins avaient un Évangile, lequel fut commenté plus tard par Papias ; Évangile qu'on trouve cité dans Eusèbe et Clément d'Alexandrie.

Cet Évangile, que ce dernier auteur appelle *Protoplaste*, raconte que : « Lorsque Salomé demandait au Seigneur à quel moment ces choses qu'il disait arriveraient (on parlait de son règne) le Seigneur dit : Quand vous aurez foulé aux pieds le vêtement de la pudeur ; quand deux deviendront un, le mâle avec la femme, ni homme ni femme « (Clém. d'Alex., page 553). Le même auteur dit dans ses *Stromates* (page 701): « La philosophie a compris que le Bon est le seul Beau... Le Lagos a fleuri, il a porté ses fruits dans le Paradis, et il est devenu chair et il a vivifié ceux qui ont goûté sa douceur, et nous le connaissons seulement par le bois. » « Nec absque ligno nobis venit in cognitionem. » Puis Agapius nous apprend que le Kristos est l'arbre aux pommes, comme nous allons voir, et les deux affirment que le pommier, c'est le Phallus. Saint Clément fait cette citation de l'apôtre : « Quels sont donc ces deux et trois qui sont unis au nom du Seigneur et au milieu desquels est le Seigneur ? C'est l'homme et la femme, et le fils qu'il nomme trois, car la femme s'unit à l'homme par Dieu. » Quinam sunt autem illi duo et tres qui congregantur in nomine domini in quorum medio est dominus ?

An non virum et mulierem et filium tres dicit quoniam mulier cum viro per Deum conjungitur. » Il faut remarquer que, selon M. de Rougé, le Phallus dans les hiéroglyphes égyptiens est représenté par le nombre trois.

Ce fils qui est au milieu de l'homme et de la femme, ce Seigneur ne serait autre que le Phallus ou le Lingam c'est pourquoi il est en fête quand l'homme et la femme sont unis. Nous avons vu que dans un autre passage, saint Clément appelle le Dieu fils le président de la génération. (Pages 541 et 542, édition d'Oxford).

En définissant la raison du repos, le septième jour, ce Docteur produit une étrange correspondance entre les nombres, les organes de la génération et les fonctions de ceux-ci.

« Le mariage, dit-il, est une union, et de même que

le mariage produit le fils par l'union de la femme et de l'homme, de même le nombre de six est le produit de l'impair ternaire, qu'on appelle mâle, et du nombre binaire, qu'on appelle femelle. Le septenaire n'est pas produit car deux fois trois deviennent six. C'est donc avec raison que le septenaire est considéré sans enfants. ... Une espèce de repos où l'on ne se marie pas » (Strom 811). Sainte Épiphane pensait d'une façon analogue ; Plutarque nous raconte que Bubaste, la lune sous l'aspect de vierge en Égypte, présidait ce nombre sept, lequel signifiait l'inaction du Père.

Dans la rédaction primitive des épîtres de Paul, on lisait : « C'était le fils qui donnait la vie. » Et on trouvait chez l'apôtre cette étrange imprécation tout à fait osirienne : » « Ne soyez pas fornicateur... Je couperais les membres du Khristos et je ferais de vous les membres d'une prostituée. » (1° Aux Corinthes, chap. VI).

Il faut rapprocher ce passage de celui du Papyrus de Deveria (page 34, livre VI) ; il s'exprime textuellement ainsi : « Ordre prononcé par la majesté de ce Dieu : « Faites les mutilations des membres du Père Osiris, aux corps des méchants, des charnels, des déchus. »

Les fornicateurs, les impurs, étaient, après leur mort, mutilés dans leur membre viril, pour avoir suivi Typhon. Timée de Locres menace aussi les dissolus de ce châtiment.

L'Apôtre dit encore dans un autre passage : « Évitez les jeunes veuves qui ont fait la luxure en Khristos; si elles ne veulent pas renoncer à ce plaisir, qu'elles se marient donc et qu'elles fassent des enfants. »

Il faut lire ce texte dans saint Épiphane (page 67) où l'on trouve textuellement : « In Christo luxuriatæ sunt... nubere volunt. » Car les moines ont postérieurement mis à la place : « Contra christum » ou « En secouant le joug de Jésus-Christ » ce qui n'offre pas de sens, du moment que saint Paul ne pouvait considérer que cette luxure effectuée par les veuves pendant qu'elles étaient mariées, était contraire à Jésus-Christ.

La rédaction primitive se présente au contraire très claire, du moment que l'on considère l'idée que ces chrétiens, imbus de platonicisme et d'égyptianisme, se faisaient du Christ.

Le Christ était pour eux l'émanation du Dieu Agathos, laquelle s'incarne en chaque homme en lui donnant en même temps que l'intelligence, la force, et en produisant la vie par la génération.

L'Apôtre ne prêchait-il pas : « Nous sommes tous membres du Christ? » (1° aux Corinthes, chap. VI, verset 13, chap. XII, v. 12 et 27).

Saint Clément cité par Photius (page 286) dit que : « Le fils est appelé Logos, qu'il a le même nom que le Logos du Père, mais une certaine vigueur, une puissance du Dieu, comme l'écoulement de son Logos, devenu intelligence et qui parcourt le cœur des hommes. »

Les Elkhésaïtes, contemporains d'Origène, proclamaient le Khristos supérieur descendu du ciel pour pénétrer le Christ terrestre.

APPENDICE B

LE POUVOIR DES PAPES JUGÉ ET APPRÉCIÉ PAR UN PRÊTRE.

L'abbé M. G. Gaspard, curé de Versoix (Suisse), a publié dans la vaillante revue : *Les temps meilleurs*, fondée et dirigée par le meilleur des rares disciples de feu, notre ami, Ch. Fauvety, F. Verdad, aussi vaillant et persévérant que l'est sa revue, les lignes qui suivent et que nous croyons devoir reproduire intégralement, sans aucun commentaire :

« Les choses déplorables et profondément tristes qui se passent actuellement en France à l'occasion de l'inventaire des biens dans les églises catholiques nous ont donné grandement à réfléchir.

« Réfléchir, c'est sonder le passé, examiner le présent et essayer de soulever le voile de l'avenir; le passé est consigné dans l'histoire : que nous dit-elle sur l'État et sur l'Église fondée par Jésus-Christ? L'histoire nous apprend que l'État a précédé l'Église. Si cette vérité n'était pas évidente par elle-même, nous pourrions en appeler au témoignage de feu M. de Bonald disant que *La société est nécessairement politique et extérieure avant d'être société religieuse* (Bonald, *Théorie du pouv. polit. préf.*) Également nous pourrions en appeler au témoignage de Fénelon écrivant : « La puissance « temporelle est plus ancienne que la puissance spiri- « tuelle, elle a reçu librement la puissance spirituelle. « La religion chrétienne est moins ancienne que « l'État. » (*Plans de gouv.*, parag. 4).

Ce principe posé, quels ont été les enseignements et la conduite de Jésus-Christ et de ses apôtres vis-à-vis de l'État?

Dans quatre circonstances particulières, le Christ se prononça par l'exemple, en même temps que par la parole, contre la théorie de la souveraineté dans le sacerdoce.

La première fut lorsque les royaumes de la terre lui étant découverts sur la montagne et lui étant offerts, il repoussa une semblable offre comme étant une tentation de satan ; la seconde fut lorsqu'on lui demandait à qui l'impôt devait être payé. Ici, le divin Maître n'hésita point à reconnaître que le pouvoir résidait dans le chef de l'État : *Rendez à César ce qui appartient à César*. La troisième fut lorsque les juifs, au rapport de saint Jean, voulurent le faire roi et qu'il s'enfuit sur la montagne ; et la quatrième lorsque, étant interrogé insidieusement par Pilate, s'il était roi des juifs, il répondit : *C'est vous qui le dites, mon royaume à moi n'est pas de ce monde* (Saint Jean, VI-15). Jésus ne s'est point immiscé dans les affaires du domaine civil. Il poussa à la dernière limite l'exemple de toute abnégation des attributs de la puissance séculière en se refusant à assumer l'acte le plus simple de juridiction au sujet d'un partage de biens entre deux frères. *Qui m'a établi juge pour que je prononce entre vous ?* (Saint Jean, XVIII-36).

Jésus-Christ n'a donc point revendiqué l'examen, le contrôle des lois civiles, il ne s'est point attribué le droit de scruter, de commenter les lois, de déclarer s'il est permis aux sujets de les observer ou de jurer aux chefs d'État la fidélité qui leur est due ?

Jamais Jésus-Christ ne s'est attribué un tel droit ; c'est un fait certain qu'il était soumis à l'autorité séculière quoique celle-ci fût païenne. Jamais et nulle part il n'a usé de son influence sur le peuple pour l'aigrir, pour le soulever contre le gouvernement, quand ce gouvernement était celui de l'empereur Tibère ; jamais non plus il n'a excusé la désobéissance aux lois, ni déclaré les lois non obligatoires. « *Je ne suis pas venu,* disait-il, « *pour abolir la loi, mais pour l'accomplir.* »

Jésus-Christ n'a point revendiqué l'examen et le contrôle des lois civiles, parce que le pouvoir civil est une institution spontanée de Dieu, une organisation tout à fait indépendante des autorités ecclésiastiques. Le Christ a, au contraire, enseigné que nous devons l'obéissance et le respect au pouvoir civil, parce que le pouvoir civil est un sujet de remerciement envers Dieu. Jamais, en effet, le bien ne remporterait la victoire en ce monde, rien de grand, de beau, ne serait édifié, si, d'après la volonté divine, les pouvoirs politiques ne s'étaient formés et n'eussent contribué à former des Etats, car les idées de droit et de morale, d'où dépend le bien spirituel et matériel des peuples, en sont la base, le fondement.

Voilà ce que nous avons constaté touchant les enseignements et les exemples du Christ.

Les apôtres ont-ils suivi les enseignements de leur Maître et mis en pratique ses préceptes? Certainement, les apôtres n'expliquent, n'emploient, ni ne nous donnent que ce qu'ils ont vu ou entendu.

L'apôtre saint Jean a dit que : *Celui qui est ministre de Jésus-Christ doit marcher comme Jésus-Christ lui-même a marché* (Saint Jean, Epît. I, II, 6).

L'apôtre saint Paul, écrivant aux Romains (XIII, I, 2), a dit : « *Que toutes personnes soient soumises aux puissances supérieures, car il n'y a point de puissance qui ne vienne de Dieu, et c'est lui qui a établi toutes celles qui sont sur la Terre. Celui qui résiste aux puissances résiste à l'ordre de Dieu, et ceux qui y résistent attirent la condamnation sur eux.* »

« Le même apôtre a dit encore, écrivant à Tite

(III, 1) : « *Avertissez-les d'être soumis aux puissances et aux magistrats, de leur rendre obéissance.* »

« Enfin, l'apôtre saint Pierre a dit (Ire épitre, II, 13 et 14) : « *Soyez soumis, pour l'amour de Dieu, à toute sorte de personne, soit aux rois comme aux souverains, soit aux gouverneurs comme à ceux qui sont envoyés de sa part pour punir ceux qui font mal et pour traiter favorablement ceux qui font bien.* »

« Tel a été l'enseignement des apôtres, identique, nous le voyons, à celui de leur Maître.

« Pour le malheur du monde, cet enseignement a été méconnu, abandonné, abrogé depuis de longs siècles.

« Un jour, le Dante avec sa sublime ironie s'écriait : « Ah! Constantin! que de malheurs a causés cette dot « que reçut de toi le premier pape qui fut riche et « puissant! » En effet, l'Église, depuis lors, prit la forme féodale et, insensiblement, on la vit usurper la forme absolutiste pure, par les concordats obtenus des souverains. Le célèbre moine Hildebrand, élevé et instruit dans Rome, dit le Microloge, scruta soigneusement, dans les fausses décrétales, toutes les opinions favorables à la grandeur des papes et, après les avoir recherchées, il s'appliqua soigneusement à les mettre en pratique. Devenu pape lui-même en 1075, sous le nom de Grégoire VII, il les promulgua afin, dit le cardinal Baronius, de *réprimer l'audace des évêques et des tyrans.*

Voici ces maximes :

« Seule, l'Église romaine est une fondation de Dieu. Le pape est le seul évêque universel.

« Lui seul et à son gré, peut déposer et absoudre les évêques, les transférer d'un siège à l'autre.

« Créer de nouveaux sièges, faire des lois comme il

lui plaît et imposer aux évêques telle ou telle obligation.

« Sans son assentiment, aucun concile n'est légitime, aucun livre saint n'est canonique.

« Par ses légats, il peut présider tous les conciles. Il peut juger tout le monde et nul ne peut le juger; toute personne qui blâme un appel au Saint-Siège commet un péché.

« Le pape peut réformer les sentences de chacun, personne ne peut réformer les siennes, car le chef de l'Église romaine est *infaillible*, et le pape élu canoniquement, est saint.

« Son nom est le seul qui doit être récité dans l'Église et qui soit sacré au monde.

« Le pape seul peut porter les insignes de l'Empire, créer et déposer les empereurs et délier les sujets du serment de fidélité. Tous les princes sont obligés de lui baiser les pieds.

« Celui qui n'est pas en communion avec l'Église romaine et ne professe point ses maximes n'est pas catholique, et celui qui est excommunié du pape, doit être repoussé de tout le monde, etc., etc. »

Grégoire VII, sans avoir atteint la domination universelle qu'il avait rêvée pour lui et ses successeurs, mourut en exil (1085), mais ses idées furent adoptées et défendues avec une énergie outrée, par ses successeurs, notamment par Innocent III (1198-1216), qui s'écria un jour dans un accès de sauvage orgueil inspiré par le triomphe de sa politique astucieuse autant que dominatrice : « Je suis plus petit que Dieu, mais plus grand que l'homme. » *Minor Deo, Major homine;* elles furent défendues par Boniface VII (1294-1303), par le Concile de Trente (1415-1463), dont les canons devinrent le code du nouveau droit papiste asservissant toujours davantage le clergé et le peuple ; par Pie V (1566-1572), qui dissimulait si peu ses prétentions à la monarchie universelle qu'à une personne qui lui démontrait que sa fameuse bulle *in Cœna Domini*, était subversive de tout bon gouvernement et contraire aux droits de toute société politique, il osa répondre :

« C'est à nous qu'incombe la charge de gouverner « les peuples, et nous ne souffrirons pas qu'ils soient « tyrannisés. Si les princes ont besoin d'impôts, qu'ils « nous demandent l'autorisation de les lever. » Sixte Quint (1585-1590), voulut compléter l'œuvre gigantesque de ses prédécesseurs; son génie aussi actif qu'ambitieux, rencontra un obstacle qu'il ne put surmonter, *sa réforme*, qui substituait la raison humaine à la foi aveugle. Toutefois, les maximes de Grégoire VII ne furent point abandonnées. Innocent IX (1676-1689), chercha à les faire triompher sous le règne de Louis XIV, comme Pie IX, sous Napoléon III, qui en éditant son syllabus où il proclame sa souveraineté absolue sur les nations, disait en parlant des chefs d'État, qui contrecarraient ses vues : *Mon front est plus dur que le leur*. Enfin, Pie X, au commencement du xxe siècle, n'a abandonné aucune des maximes de Grégoire VII. Il cherche en France à les faire prévaloir. « Dans le *livre blanc* ne le voyons-nous pas vouloir empêcher le président de la République française de rendre au Quirinal, visite au roi d'Italie, ne le voyons-nous pas se déclarer le seul évêque universel, et pouvoir à son gré déposer et absoudre les évêques, les transférer d'un siège à l'autre. Ne le voyons-nous pas, disposé à méconnaître la loi de séparation de l'Église et de l'État, si on ne lui donne pas l'assurance formelle que *seules* auront une existence légale les associations cultuelles approuvées par les évêques : en d'autres termes, si le corps législatif ne pose le pays dans une situation plus mauvaise qu'antérieurement.

« Ah ! depuis que l'Église de Rome est en complète désharmonie avec les enseignements du Christ, quelle lourde charge que celle de la papauté ! Aussi un pontife, dont le nom figure parmi les saints du calendrier, écrivit les mémorables paroles qui suivent :

« Moi, Célestin, cinquième du nom, je déclare qu'il « m'est impossible de faire mon salut sur la chaire de « saint Pierre ; je renonce donc à la souveraine dignité « de l'Église, dont mes prédécesseurs ont fait un mé- « tier. »

Et un publiciste a écrit :

« Le catholicisme, à force de changements dans une traversée de quinze siècles, n'a pas conservé une seule de ses cérémonies primitives, une seule de ses institutions, peut-être pas un de ses dogmes originels. Il ressemble au vaisseau de Thésée, qui gardait toujours le même nom, bien qu'à force de réparations successives, il ne conservât pas une *seule planche* de sa forme primitive. » Pourtant à travers les siècles que de vaillants, d'illustres et savants ouvriers ont cherché à empêcher ce funeste ravaudage fait au vaisseau de l'Église. Citons, en première ligne, Hincmar, archevêque de Reims (882), saint Bernard, abbé de Clairvaux (1091-1153), saint Louis (1215-1270), Philippe le Bel (1268-1308), le chancelier Gerson (1429). Citons encore Jean Hus, Jérôme de Prague, les ouvriers du Concile de Constance (1414-1418), de Bâle (1433), ceux de la Pragmatique sanction de Bourges (1438). Citons également l'assemblée du clergé de France en 1682, présidée par Bossuet, et aussi les glorieux tribuns du Jeu de Paume en 1789. Citons toujours l'illustre docteur de Houtheim, l'empereur d'Autriche, Joseph II, et presque tous les philosophes du XVIIIe siècle, et enfin les Lamennais, les Montalembert, les Hyacinthe. Mais, malgré les efforts constants de cette pléïade de docteurs, d'hommes illustres, de savants, les papes avec leur Sacré-Collège ont toujours persisté dans leur entêtement. »

APPENDICE C

OPINION DE PAUL-LOUIS COURIER SUR LA CONTINENCE ET LE CÉLIBAT DES PRÊTRES.

Ces gens sont dévots sans nul doute, et Mingrat l'est aussi, amoureux de plus, c'est-à-dire sujet à l'amour, qui, chez les hommes de sa robe, se tourne souvent en fureur. Un grand médecin l'a remarqué : cette maladie, sorte de rage qu'il appelle érotomanie, semble particulière aux prêtres.

Les exemples qu'on a vus assez nombreux, sont tous de prêtres catholiques, tels que celui qui massacra, comme raconte Henri Estienne, tous les habitants d'une maison, hors la personne qu'il aimait ; et l'autre dont parle Buffon.

Celui-là parce qu'on sut à temps le lier et le traiter, guérit ; sans quoi il eût commis de semblables violences. Il a lui-même écrit au long, dans une lettre qui depuis est devenue publique, l'histoire de sa frénésie dont il explique les causes aisées à concevoir. Dévot et amoureux, jeune, confessant les filles, il voulut être chaste.

Quelle vie, en effet, quelle condition que celle de nos prêtres ! On leur défend l'amour et le mariage surtout ; on leur livre les femmes. Ils n'en peuvent avoir une et vivent avec toutes familièrement ; c'est peu ; mais dans la confidence, dans l'intimité, le secret de leurs actions cachées, de toutes leurs pensées. L'innocente fillette sous l'aile de sa mère, entend le prêtre d'abord, qui bientôt l'appelant, l'entretient seul à seule ; qui le premier, avant qu'elle puisse faillir, lui nomme le péché. Instruite, il la marie ; mariée il la confesse encore et la gouverne. Dans ses affections, il précède l'époux et s'y maintient toujours. Ce qu'elle n'oserait confier à sa mère, avouer à son mari, lui prêtre, le doit savoir, le demande, le sait, et ne sera point son amant. En effet, le moyen ? n'est-il pas tonsuré ? Il s'entend déclarer à l'oreille tout bas, par une jeune femme, ses fautes, ses passions, ses désirs, ses faiblesses, recueille ses soupirs sans se sentir ému et il a vingt-cinq ans.

Confesser une femme, imaginez ce que c'est. Tout au fond de l'église ; une espèce d'armoire, de guérite est dressée contre le mur exprès, où ce prêtre, non Mingrat, mais quelque homme de bien, je le veux, sage, pieux comme j'en ai connu, homme pourtant et jeune (ils le sont presque tous) attend le soir après vêpres, sa jeune pénitente qu'il aime ; elle le sait : l'amour ne se cache point à la personne aimée. Vous m'arrêterez là : son caractère de prêtre, son éducation, son vœu.....Je vous réponds qu'il n'y a vœu qui tienne ; que tout curé du village, sortant du séminaire, sain, robuste et dispos, aime sans aucun doute, une de ses paroissiennes. Cela ne peut être autrement ; et si vous contestez, je vous dirai bien plus, c'est qu'il les aime toutes, celles du moins de son âge ; mais il en préfère une qui lui semble sinon plus belle que les autres, plus modeste et plus sage et qu'il épouserait ; il en ferait une femme vertueuse, pieuse ; n'était le Pape.

Il la voit chaque jour, la rencontre à l'église ou ailleurs, et devant elle, assis aux veillées de l'hiver, il s'abreuve, imprudent ! du poison de ses yeux.

Or, je vous prie, celle-là, lorsqu'il l'entend venir le lendemain approcher de ce confessionnal, qu'il reconnaît ses pas, et qu'il peut dire : C'est elle ? que se passe-t-il dans l'âme du pauvre confesseur?

Honnêteté, devoir, sages résolutions, ici servent de peu sans une grâce du ciel toute particulière. Je le suppose un saint ; ne pouvant fuir, il gémit, apparemment, soupire, se recommande à Dieu ; mais si ce n'est qu'un homme, il frémit, il désire et déjà, malgré lui, sans le savoir peut-être, il espère. Elle arrive, se met à genoux, à genoux devant lui, dont le cœur saute et palpite. Vous êtes jeune, Monsieur, ou vous l'avez été, que vous semble entre nous d'une telle situation? Seuls, la plupart du temps et n'ayant pour témoins que ces murs, que ces voûtes, ils causent ; de quoi? Hélas ! de tout ce qui n'est pas innocent. Ils parlent ou plutôt murmurent à voix basse et leur bouche s'approche, leur souffle se confond. Cela dure une heure ou plus, et se renouvelle souvent.

Ne pensez pas que j'invente. Cette scène a lieu telle que je vous la dépeins, et dans toute la France, chaque jour se renouvelle par quarante mille jeunes prêtres, avec autant de jeunes filles qu'ils aiment parce qu'ils sont hommes, confessent de la sorte, entretiennent tête à tête, visitent parce qu'ils sont prêtres, et n'épousent point parce que le Pape s'y oppose. Le Pape leur pardonne tout excepté le mariage, voulant plutôt un prêtre adultère, impudique, débauché, assassin, comme Mingrat, que marié. Mingrat tue ses maîtresses, on le défend en chaire : Ici, on prêche pour lui ; là on le canonise. S'il en épousait une, quel monstre ! Il ne trouverait d'asile nulle part. Justice en serait faite, bonne et prompte, comme du maire qui les aurait mariés. Mais quel maire oserait?

Réfléchissez, maintenant, Monsieur, et voyez s'il était possible de réunir jamais en une même personne deux choses plus contraires que l'emploi de confesseur et le vœu de chasteté; quel doit être le sort de ces pauvres jeunes gens, entre la défense de posséder ce que nature les force d'aimer et l'obligation de converser intimement, confidemment avec ces objets de leur amour; si enfin ce n'est pas assez de cette monstrueuse combinaison pour rendre les uns forcenés, les autres, je ne dis pas coupables, car les vrais coupables sont ceux qui étant magistrats, souffrent que de jeunes hommes confessent de jeunes filles, mais criminels et tous extrêmement malheureux.

Je sais, là-dessus, leur secret. J'ai connu à Livourne, le chanoine Fortini, qui peut-être vit encore, un des savants hommes d'Italie, et des plus honnêtes du monde. Lié avec lui d'abord par nos études communes, puis par une mutuelle affection, je le voyais souvent et ne sais comme un jour je vins à lui demander s'il avait observé son vœu de chasteté. Il me l'assura, et je pense qu'il disait vrai, en cela comme en toute autre chose. Mais, ajouta-t-il, pour passer par les mêmes épreuves, je ne voudrais pas revenir à l'âge de vingt ans. Il en avait soixante-dix. J'ai souffert, Dieu le sait et m'en tiendra compte, j'espère, mais je ne recommencerais pas. Voilà ce qu'il me dit, et je notai ce discours, si bien dans ma mémoire, que je me rappelle ses propres mots.

A Rocca di Papa, je logeais chez le vicaire où je tombais malade. Il eut grand soin de moi et prit cette occasion pour me parler de Dieu, à qui je pensais plus que lui et plus souvent, mais autrement.

Il voulait me convertir, me sauver, disait-il. Je l'écoutais volontiers, car il parlait Toscan, et s'exprimait des mieux dans ce divin langage. A la fin, je guéris, nous devînmes amis; et comme il me prêchait toujours, je lui dis :

Cher Abbé, demain je me confesse, si tu veux te

marier et vivre heureux. Tu ne peux l'être qu'avec une femme, et je sais celle qui te faut. Tu la vois chaque jour, tu l'aimes, tu péris. Il me mit la main sur la bouche, et je vis que ses yeux se remplissaient de pleurs. J'ai ouï conter depuis des choses fort étranges et qui me rappelèrent ce qu'on lit d'Origène.

Voilà où les réduit le malheur de leur état. Mais pourquoi, me direz-vous, quand on est susceptible de telles impressions, se faire prêtre? Hé! monsieur, se font-ils ce qu'ils sont?

Dès l'enfance, élevés par la milice papale; séduits, on les enrôle : Ils prononcent ce vœu abominable, impie, de n'avoir jamais femme, famille ni maison; à peine sachant ce que c'est, novices, adolescents, excusables par là, car un vœu de la sorte, celui qui le ferait avec une pleine connaissance il le faudrait saisir, séquestrer en prison ou reléguer au loin dans quelque île déserte.

Ce vœu fait, ils sont oints, ils ne s'en peuvent dédire; que si l'engagement était à terme, certes peu le renouvelleraient. Aussitôt on leur donne filles, femmes à gouverner. On approche du feu le soufre et le bitume; car ce feu a promis, dit-on, de ne point brûler. Quarante mille jeunes gens ont le don de continence pris avec la soutane, et sont, dès lors, comme n'ayant plus ni sexe ni corps. Le croyez-vous? De sages, il en est, si sage se peut dire qui combat la nature. Quelques-uns en triomphent; mais combien, au prix de ceux que la grâce abandonne dans ces tentations? La grâce est pour peu d'hommes et manque même au plus juste.

Comment auraient-ils, eux, ce don de continence, jeunes dans l'ardeur de l'âge, quand les vieux ne l'ont pas?

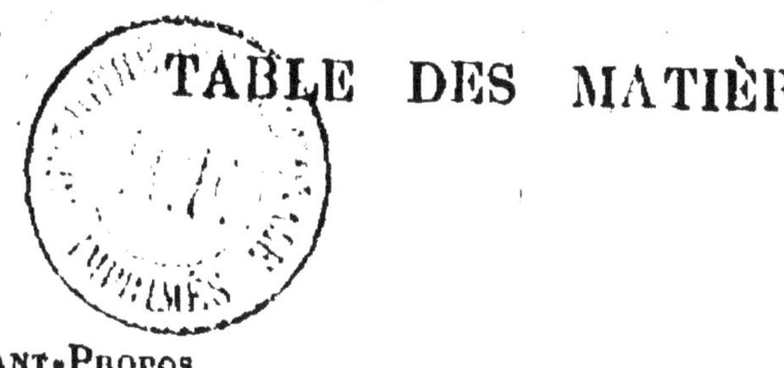

TABLE DES MATIÈRES

Chapitre III

Du seul moyen licite de pratiquer le coït.

Chapitre IV

L'Église et la prostitution officielle.

Chapitre V

L'abstinence, la continence et la virginité suivant l'Église.

LIVRE DEUXIÈME

Les pratiques de l'Église dans l'acte de la procréation et dans ce qui touche et dérive du coït.

Chapitre premier

Du coït considéré en tant que péché mortel et véniel et de tout ce qui touche à la luxure.

CHAPITRE II

L'Église dans les à-côtés de l'amour et dans les péchés contre nature.

CHAPITRE III

De la sodomie et de la bestialité.

CHAPITRE IV

Les péchés de luxure suivant la nature et du coït simple ou ordinaire.

Chapitre VII

Des promesses de mariage et de la luxure non consommée.

Chapitre VIII

Appendices

Mayenne, Imprimerie Ch. COLIN.

KAMA SOUTRA

RÈGLES DE L'AMOUR

SOMMAIRE. — La vie élégante. — Les diverses sortes d'union sexuelle. — L'Amour permis. — L'Amour défendu. — Des caresses et mignardises qui précèdent ou accompagnent l'union sexuelle. — Des différentes manières de se tenir et d'agir dans l'union sexuelle. — Comment pour l'acte sexuel on vient en aide à la nature. — Devoirs des épouses. — Rapports avec les femmes des Artistes. — Catéchisme des Courtisans.

RAUZAT-US-SAFA

JARDIN DE PURETÉ

LE PREM SAGAR

OCÉAN D'AMOUR

THÉOLOGIE AMOUREUSE

des Peuples d'Occident

Par un Ancien Chanoine

Chaque volume in-8° raisin 3 fr. 90, franco 4 fr. 75

Docteur **PAUL DE RÉGLA**

EL-KTAB

Des lois secrètes de l'Amour

1 volume in-16, franco 3 fr. 50